Barbara Schneyer

LEBEN unter anderem ist leben unter ANDEREN
oder: Die Schuhfetischistin

Barbara Schneyer

LEBEN
- unter anderem -
ist
leben unter
ANDEREN

oder:
Die Schuhfetischistin

Rediroma-Verlag

Bibliografische Information der Deutschen Nationalbibliothek:
Die Deutsche Nationalbibliothek verzeichnet diese Publikation in der Deutschen Nationalbibliografie; detaillierte bibliografische Daten sind im Internet über http://dnb.ddb.de abrufbar.

ISBN 978-3-86870-868-4

Coverzeichnung von Sabine Hahnel
(www.sabinehahnel.wix.com)

www.rediroma-verlag.de
11,95 Euro (D)

Sie ist eine schöne Frau, Annabell Ahrend, und sie weiß das auch.

Schuhe sind ihr Trost und ihre Leidenschaft.

Oberflächlich betrachtet hat sie alles, was Frau – Ende vierzig - sich nur wünschen kann.

Aber auch in ihrem Fall trügt der Schein. Sie hat einen Makel, aber den kennt nur sie und ihr Spiegel.

Von dem ersten Mann, mit dem sie zusammenlebt, trennt sie sich, weil sie seine Eifersucht und seinen Kontrollzwang nicht länger erträgt.

Ihre kurz darauf geschlossene Ehe ist anfangs auch problembehaftet, da Annabell sexuell verklemmt ist und zudem keine Kinder bekommen kann.

Als die beiden einen harmonischen Rhythmus und Eheglück gefunden haben, ereignet sich ein schwerer Unfall. Annabell verliert ihren Mann und fast auch das Leben.

Schmerzhaft und mühsam findet sie in den Alltag zurück.

Endlich entschließt sie sich, nach Australien auszuwandern. Ihre Schwester lebt seit Jahren dort.

Sie kann diesen Plan nicht in die Tat umsetzen, weil ihr turbulenter Alltag sie immer aufs Neue fordert.

In ihren Jobs als Coach und Autorin erfolgreich, reist sie viel im Land umher. Ständig belästigt sie dabei ein Stalker. Als sie dem schließlich mit einer Freundin zusammen begegnet, und die Freundin kurz darauf verschwindet, dreht sie fast durch.

Sie stößt bei ihren eigenen Recherchen auf ein dunkles Geheimnis, das ihr wieder den Boden unter den Füßen wegzureißen droht. Trotzdem will sie die Freundin finden und ermittelt in Eigeninitiative, was ihr schwer zum Verhängnis wird.

Nebenbei versucht sie, ihre Familie – gegen den Willen aller Beteiligten – wieder zu vereinen.

Sie hätte so gerne die heile Welt ihrer Nachbarn. Aber sowohl ihre Schwester, wie auch ihr Vater verweigern sich. Sogar ihre Mutter, die selbst dringend Hilfe benötigt, will davon nichts wissen.

Alle wollen nur sie selbst in ihrer Nähe. Das ist zu viel für sie. Annabell würde gern ihr eigenes Leben leben wollen und nicht ständig für die Anderen da sein müssen.

Dass sie bei dem ganzen Tumult auch ihren Verehrer – einen Autoren Kollegen – vor den Kopf stoßen muss, tut ihr besonders leid. Zum Glück ist Gottwin Winterkorn hartnäckig.

Sehr spät kommt ihr eine Erkenntnis, die sie selbst mit ihrer Romanfigur »Miranda« zu Papier gebracht hatte: *Du kannst nicht alle glücklich machen, wenn es dir selbst nicht gut geht.*

Gib dir selbst und den Anderen eine Chance.

Vorwort

Meine Farben, meine Melodien

Das Talent zum Malen hat meine Tochter von ihrem Großvater – väterlicherseits.

Die Freude und das Staunen, das sie beim Betrachter ihrer Bilder hervorrufen kann, ist unvergleichlich.

Melodienfolgen sind das Talent meines Sohnes.

Die Musik, die er komponiert, ergreift das Herz und die Sinne.

Beide können mit ihrem Schaffen dafür sorgen, dass Körper und Seele im Einklang sind.

Oft wünsche ich mir, ihnen das gleichtun zu können.

Meine Farben sind die Worte.

Ich versuche mein Farbenspiel mit Poesie.

Meinen geschätzten Lesern möchte ich ebenso Bilder und Melodien schenken, die sie freudig durch den Tag begleiten und ihnen besinnliche Stunden schenken.

Wenn mir das ein klein wenig gelingt, kann ich mich glücklich schätzen.

INHALT

Pink für Männer

»Schaatz, was soll ich anziehen?« Seit ihrem Einzug hatte er die Selbständigkeit

in Sachen Kleidung verloren. Das war nicht schlimm, denn er gewann sehr viel dazu.

Ihm gehörte die schönste Frau im Ort, das wusste er. Und sie wusste das auch.

Natürlich bedeutete dies, dass er sich immer wieder von neuem um sie bemühen musste, aber auch die Kontrolle nicht verlieren durfte.

»Ich hab dir die Sachen schon alle ′rausgelegt«, rief sie aus dem Bad, und kam mit einem um den Körper geschlungenen Badetuch auf ihn zu.

Er umarmte sie innig und küsste ihr feuchtes Haar, das wunderbar nach Limonen roch. Ganz eng presste er seinen Unterkörper gegen sie: »Komm, du hast doch noch ein wenig Zeit«, flüsterte er, während er ihr zart ins Ohr biss.

»Hebe dich hinweg, du Lüstling«, lachte sie, ihn von sich schiebend. »Heute kommt hoher Besuch aus Erfurt in die Schule, da hat‘s der Rektor gern besonders pünktlich.«

»Und deshalb plusterst du dich so auf?« Sein Blick fiel auf den Kleiderberg, den sie sich bereitgelegt hatte – einschließlich vier Paar Schuhe zur Auswahl. Schon wieder war er eifersüchtig. Das musste er unterdrücken. Annabell wurde ärgerlich, wenn sie dies bemerkte.

Sein Blick fiel auf ihre EGO-Wand, die viele Fotos von ihr in allen möglichen (und unmöglichen) Posen zeigte. Auch von ihm war ein Bild dabei – von der Einzugsfeier.

Er lächelte stolz.

Es ist nicht immer leicht mit so einem Juwel. Er genoss die neidischen Blicke der Männer, wenn sie gemeinsam unterwegs waren. Doch sie konnte es nicht lassen, anderen Bewunderern ein Lächeln zu schenken, wenn diese anerkennend pfiffen.

Ihn machte das wütend, das stachelte sie nur noch mehr an.

»Ist der Erfurter Besuch ein junger Mann?«, wollte er noch wissen. »Kein Grund zur Eifersucht, ein alter Knacker.« Gerade war sie fertig gestylt. »Diesen feschen Fummel hab´ ich doch noch gar nicht gesehen«, meinte er mit einem flotten Griff unter den kurzen Rock. »Wo hast du den her?«

»Von OTTO…, ich meine vom OTTO-Versand. Gestern gekommen… und diese Wahnsinnsschuhe! Gefällt es dir?«

»In allem, was du anhast, gefällst du mir, das weißt du doch.« Nach einem flüchtigen

Kuss drehte sie sich auf der Stelle, um kurz darauf die Treppenstufen hinunterzuspringen.

Auf dem unteren Treppenabsatz blieb sie kurz stehen und rief: »Ach Dieter, ich hab‘ dir alles hingelegt, was du mitnehmen willst. Nur die Reisetasche musst du dir noch vom Boden holen. Fahr vorsichtig und komm gesund wieder.«

»Bleib mir treu!«, rief er ihr noch nach, bevor sie endgültig aus der Haustür verschwand. Auf der Straße drehte sie sich zum Fenster um, weil sie wusste, dass er ihr nachblicken würde. Sie winkte kurz, bevor sie zur Bushaltestelle eilte.

»Von Otto also«, murmelte er vor sich hin und öffnete dabei ihren Kleiderschrank.

Erstaunt stellte er fest, dass gar nicht so eine Fülle von Kleidern, Hosen und Blusen

auf den Bügeln hingen, wie er erwartet hätte. Aber logisch, Annabell kleidete sich

stets nach der neuesten Mode. Bei mindestens drei Versandhäusern war sie Kundin
und regelmäßig einmal pro Woche unternahm sie mit ihrer Freundin Sybille eine Shoppingtour. Genauso häufig ging sie aber auch zum Altkleidercontainer.

»Ja«, seufzte Dieter für sich, »sie ist mir nicht nur lieb, sondern auch sehr teuer.« Aber er schmunzelte, während er liebevoll über einen Pullover strich.

Das ist auch einer der Hauptgründe, dass er dringend wieder einen neuen, gutbezahlten Job
brauchte. Auch wenn sie als Lehrerin gut verdiente, finanzierte sie damit gerade mal ihren aufwändigen Lebensstil.

Dieter ist von Beruf Ingenieur für Verfahrenstechnik und hatte vor der *Wende* eine leitende Stelle. Er war gut in seiner Arbeit, sogar sehr gut. Zu DDR-Zeiten hatte niemand einen Gedanken, dass die gutlaufende Firma in Gefahr sein könnte.

Seine Firma wurde nach der Wende dann doch von der Treuhand abgewickelt und er mit ca. 600 anderen Beschäftigten arbeitslos.

Dieter konnte sich eine Zeit lang mit unnützen Fortbildungs- und Umschulungsangeboten
und einem minderbezahlten Job in einer Spedition durchschlagen, aber das befriedigte alles nicht.

Er war weiter auf der Suche nach einer seiner Ausbildung entsprechenden Stelle.

Aus den vier positiven Antworten auf seine zig Bewerbungen hatte er sich zu einem Vorstellungstermin in Köln angemeldet.

Es ging um einen Ganztagstermin inclusive eines Praxistests. Deshalb wollte er bereits am Vorabend anreisen, um den Tag ausgeruht und frisch zu starten.

Dieter stieg die Bodentreppe hinauf, um sich die Reisetasche zu holen. Kopfschüttelnd stellte er fest, dass er ohne Anleitung kaum in der Lage war, die Auswahl der richtigen Tasche allein zu treffen. Er griff sich die erstbeste und fing unten an, sie bedächtig einzuräumen.

Das schwarze Jeanshemd war offensichtlich neu. (Manchmal kaufte sie auch etwas

für ihn). Das Hemd würde er zu seiner Bequem Jeans im Auto tragen. Annabell hatte Wechselslips, Ersatzhemd und -stümpfe, einen neuen Waschlappen und eine nagelneue Zahnbürste bereitgelegt.

Warum musste das nun alles neu sein? Sie konnte das Geld wirklich nicht bei sich behalten.

Nachdem alles ordentlich verpackt war, legte er noch den Lunchbeutel, den sie ihm liebevoll zusammengestellt hatte, vorsichtig obenauf.

Den inzwischen kaltgewordenen Frühstückskaffee trank er nicht mehr aus, er schüttete ihn weg, räumte den Tisch auf und das Geschirr in die Spülmaschine.

Nachdem er den Müll entsorgt und alle Blumen gegossen hatte, nahm er noch Stift und Zettelblock vom Regal. Dieter schrieb eine seiner unerlässlichen Nachrichten (Annabell nannte es *Anweisungen):* »Vergiss nicht, die Haustür abzuschließen.« Dann zog er die Wohnungstür hinter sich zu und holte den »Ford Probe« aus der Garage.

Ein schönes Auto, knallrot und überhaupt sehr »Ferrarilike«. Damit konnte man schon was hermachen. Er (der Wagen) passte gut zu seinem Ännchen.

Die Reisetasche auf dem Beifahrersitz, eine flotte CD im Radio und die Zigaretten griffbereit, startete Dieter auf seine Fahrt an den Rhein.

Er war optimistisch, was die Stelle betraf. Die Anforderungen waren klar und er überzeugt, dass er das fachliche Wissen und Können besaß.

Sein neuer Freund aus dem Volleyballclub, der vor ein paar Monaten aus Bayern nach Thüringen gezogen war, hatte ihn auch mental auf das Vorstellungsgespräch vorbereitet. Seine Tipps waren hilfreich. Schließlich hatte er bei den dreizehn Jahren bis zum Abitur ja dieses eine Jahr »Schauspielunterricht« absolviert, wie die »Ossis« spöttelten.

Selbstbewusst auftreten, den Fachmann und Könner geben, - das würde er schon bringen.

Der Verkehr war mäßig. Das Wetter wunderschön, fast zu warm. So spulte er Kilometer für Kilometer ab. Das neue Hemd fühlte sich streif und am Kragen eng und kratzig an. Seine Hand versuchte mehrfach während der Fahrt, den Würgegriff zu lockern, bis er sich dazu entschloss, die oberen 2 Knöpfe zu öffnen. Ännchen war ja nicht dabei, da konnte er schon mal etwas legerer daherkommen.

Gut gelaunt sang er die Lieder mit, die »MDR Kultur« in der Volksmusikstunde spielte. »Am Brunnen vor dem Tore..« und dann tatsächlich: »Ännchen von Tharau ist‘s, die mir gefällt. Sie ist mein Leben, mein Gut und mein Geld ...« Ja, das war ihr Kennenlernlied und inzwischen sein Lebensmotto. Dieter war im Männerchor, auch als Solist. Annabell hatte ihn gehört und war fasziniert. Sogar bei einem späteren Bier musste er das »Ännchen« für sie allein vorsingen. So hatte alles begonnen. Sie wurde *sein* Ännchen.

Versonnen dachte er an den Abend vor vier Jahren zurück. Er war glücklich. Sie war seine Frau, auch wenn sie noch nicht geheiratet hatten.

Als er auf drei Spuren rote Lichter vor sich sah, fuhr er bedächtig auf den Stau zu.

Was soll's, er hatte ja genügend Zeit. Das war die Gelegenheit, sie mal kurz auf dem Mobiltelefon anzurufen. Nur eine Bandstimme, die ihn informierte: »the Person you have called, is temporary not available." Sicher war sie in einer wichtigen Besprechung.

Dann würde er es halt später nochmal versuchen. Er summte die Lieder weiter mit und packte sein Lunchbrot aus. Die Fenster hatte er heruntergelassen, und es dauerte

gar nicht lang, da schob sich ein blonder Wuschelkopf herein. »Hi Alter, du hast aber einen tollen Ofen. Darf ich mich mal ′reinschmeißen?« Ohne die Antwort abzuwarten, saß sie auch schon neben ihm. Sie reichte ihm die Hand und verkündete lässig: »Ich bin die Steffi« – »Angenehm, Dieter«, erwiderte er brav. »Nimm den Stock aus dem Rücken, will ja bloß mal checken. Son Teil hab' ich ja noch

nie gesehen. Echt geil! Wie viel macht denn der Spitze? Kannst doch mal ′ne Runde mit mir fahren, oder mich mal dranlassen. Dann lass ich dich auch mal dran.« Dabei lachte sie und schlug ihre langen Beine übereinander. Sie achtete darauf, dass ihr Rock ein wenig höher rutschte.

Dieter fühlte sich unwohl. Dieses junge Ding war sehr hübsch, aber er hatte wirklich kein Interesse. Von wegen: »Männer wollen immer nur das Eine.« Mit Anna ja, da wollte er es immerzu. Er begehrte sie maßlos. Und wenn sie sich gerade wild und leidenschaftlich geliebt hatten, folgte darauf meist eine lang ausgedehnte Kuschelphase, die letztlich noch einmal zu einer zarten, behutsamen Vereinigung führte. Jetzt, als er daran dachte, begehrte er sie mehr denn je.

Steffi riss ihn aus den Träumen: »Wir können ja gar nicht fahren«, kicherte sie, »ich bin so ein richtiges Blondchen. Na gut, dann können wir auch nicht vögeln.«

Schwups, und weg war sie. Zum Glück bewegte sich die Spur, in der das Auto mit ihren Freunden fuhr, gerade ein paar Autolängen weiter, so dass sie denen nachlaufen musste und aus seinem Blickfeld entschwand.

Dieter schüttelte lächelnd den Kopf: »diese Jugend«. Er fühlte sich geschmeichelt.

Er wusste schon, dass er mit seinen dreiundvierzig Jahren noch ein sehr attraktiver Mann war, aber er hatte das noch niemals ausgenutzt.

Ein erneuter Anrufversuch auf Annabells Handy schlug wieder fehl.

Endlich floss der Verkehr weiter und nach einer Stunde kam er verschwitzt und ein wenig erschöpft in seinem Hotel an. Er war jetzt froh, dass er dieses steife Hemd endlich ausziehen konnte.

Hinter der Drehtür blieb er im Hotelvorraum kurz orientierungslos stehen, um dann zielsicher auf den Empfangstresen zuzugehen. Die Rezeption befand sich am anderen Ende der Lobby, gegenüber der Eingangstür. Zwei junge Frauen sahen ihm kichernd nach, was ihn erheblich verwirrte. Seine Frage nach einem Zimmer beantwortete der Portier mit einem abschätzenden Blick: »Tut mir leid mein Herr, wir sind leider ausgebucht.« Erst als sich Dieter erinnerte: »Es müsste auf Krügerreserviert sein«, bekam er freundlich einen Zimmerschlüssel.

Im Zimmer begegnete er zuerst seinem Spiegelbild im Vorraum. »Ach du mein Gott!« Sein erster Gedanke war sowohl erschrocken wie belustigt. Kein Wunder, dass die Damen so amüsiert und der Portier so konsterniert waren.

Sein Hals und Kinn waren total schwarz. Dieses blöde Hemd hatte gründlich abgefärbt.

Er sah aus wie ein *Assi*. Und jetzt fiel ihm auch eine zweite Unmöglichkeit auf, die das ganze Erscheinungsbild krönte: Seine »Reisetasche« war eigentlich eine Kühltasche für Picknick - in PINK.

Er hatte sie am Morgen einfach, ohne nachzudenken, gegriffen (sonst war ja auch Annabell für sowas zuständig). Design und Farbe waren ihm eh gleichgültig, Zweckmäßigkeit war gefragt. Aber in der Kombination mit dem schwarzen Hals war es ja fast ein Wunder, dass ihm der Portier doch noch einen Schlüssel anvertraut hatte.

Noch bevor er seine »Reisetasche« auspackte, stürzte er unter die Dusche. Die Farbe ließ sich gar nicht so leicht entfernen, dafür war der Hals jetzt rot geworden.

Aber das verging.

Als er schließlich wieder nach unten fuhr, um im Restaurant zu Abend zu essen,

war er wieder ein seriöser, gutaussehender Mann mit wiedergewonnenem Selbstbewusstsein.

Der Portier, dem er sein Missgeschick erläutern wollte, erkannte ihn gar nicht auf den ersten Blick.

Der Anrufversuch bei Anna war noch einmal erfolglos. Ihr Handy blieb aus, wenn sie nicht gestört werden wollte. Ihm war schon klar, dass sie ihre freie Zeit ausnutzte, um etwas mit ihrer Freundin zu unternehmen.

Er kettete sie zwar nicht zu Hause an, aber hatte es schon gern, wenn sie immer bei ihm war, oder dass sie alle Unternehmungen gemeinsam erlebten.

Anfangs hatte er sie gebeten, doch einfach mal ihre Tagesaktivitäten auf einem Zettel festzuhalten.

Er kreierte ihr sogar eigens eine Excel-Liste mit Zeiteinteilung. Damit stieß er auf empörte Ablehnung. »Ich möchte doch nur wissen, was du gerade tust, wenn ich an dich denke.«

»Du bist doch krank!«, hatte sie ihm verächtlich vorgeworfen.

Wieder auf seinem Zimmer, setzte er sich aufs Bett und betrachtete alle Fotos, die

er immer bei sich trug. Er musste lachen, als er das Foto mit Annas kleinem, weißen »Cäsar«-Hund in der Hand hielt. Eine Nachbarin hatte ihn angesprochen und empört gemeint: »Also, dass ihre Frau jede Mode mitmacht, ist ja ihre Sache.

Aber dass sie, bloß weil sie gerade nur in schwarz gekleidet geht, auch noch das arme Tier schwarz färbt, geht dann doch zu weit!« Er hatte damals erst kurz gestutzt, weil ja sein Cäsar noch immer weiß war. Dann kam ihm aber der naheliegende Gedanke, dass Anne aus welchem Grund auch immer, wohl den Hund ihrer Freundin Sybille an der Leine hatte, was sich dann auch als richtig herausstellte.

Na ja, er wusste, dass die Leute tratschten. Das war ihm aber egal, die waren eh nur neidisch.

Sogar sein Vater war von Anfang an eifersüchtig und ablehnend.

Auch wenn sie sich nicht immer einig waren, im Männer-Gesangsverein traten Otto und Dieter stets in trauter Harmonie als Vater und Sohn auf.

Sie waren mit ihren Stimmen eine Bereicherung für den Chor. Vor allem hatte Dieter einen herrlichen Tenor und sang deshalb auch oft solo. Sein »Ännchen von Tharau« ging allen Zuhörern unter die Haut.

Zu den verschiedensten Gelegenheiten wurden sie gebucht. Betriebsfeiern, Geschäftsjubiläen, vor allem aber Frauentags Veranstaltungen standen auf dem Terminplan.

Letztere waren jedes Mal speziell. Diese oft liebestollen, männerfixierten Weiber wurden je nach Alkoholpegel mitunter regelrecht aufdringlich.

Doch diesmal war das anders.

Bereits während seines Vortrages des »Ännchen« bemerkte er eine äußerst gutaussehende Frau, die fasziniert an seinen Lippen hing.

»Sing's nochmal, bitte«, hatte sie in der Pause gebettelt. Ich heiße Annabell, mit Kosenamen ´Ännchen´. Ich denke, du hast es nur für mich gesungen.« Diesem Augenaufschlag konnte kein Mann widerstehen. Er nahm sie an der Hand und entführte sie in den Garten.

Dort sang er für sie, sie küssten und neckten sich und erst nach einer Stunde ließen sie sich wieder blicken.

Begeistert wollte er seine »Liebe auf den ersten Blick« seinem Vater vorstellen.

Otto machte ein überraschtes, sogar entsetztes Gesicht und ließ Annabell unhöflich stehen.

Er zog seinen Sohn zur Seite und herrschte ihn an: »Die schlag dir ganz schnell wieder aus dem Kopf.«

»Was soll das, du kennst sie doch gar nicht!«

»Ich kenne ihre Mutter, die ist die größte Nutte der Stadt.«

»Ach und woher kennst **Du** die?«, fragte Dieter mehr als erstaunt.

»Deine Mutter denkt, ich gehe jeden zweiten Mittwoch zum Kegeln. Ich gehe jeden zweiten Mittwoch zur Mutter deiner neuen Eroberung. Lass also die Finger von ihr.«

Entsetzt starrte Dieter seinen Vater an: »Bist du völlig übergeschnappt? Wie kannst du Mutter das antun? Außerdem solltest du hier keine Sippenhaft betreiben und von der Mutter auf die Tochter schließen!«

Er war völlig konsterniert, kaum noch fähig, klar zu denken.

»Ich werde es dir beweisen«, ließ sich nun wieder Otto hören. »Ich mach sie jetzt an und du wirst sehen, sie geht auch mit mir ´raus.« Er lachte boshaft.

Dieter sah mit Entsetzen, wie sein Vater schnurstracks auf Annabell zuging. Er positionierte sich vor ihr wie ein verliebter Gockel und Dieter war dieser Anblick einfach nur peinlich. Zwar konnte er seine Worte nicht hören; ihre Antwort verstand er bei näherem Hinzutreten aber schon. Sie lachte spöttisch, als sie sagte: »Ach so, Sie glauben, der Weg zum Sohn müsste über den Vater gehen? Da kann ich aber sehr gerne drauf verzichten.« Und weg war sie.

Ganz weg. Dieter fand sie nirgends und hatte so keine Freude mehr an dem Abend.

Auf dem Heimweg holte Otto seinen Sohn noch kurz vor der Wohnung ein.

»Du sagst doch hoffentlich nichts deiner Mutter. Ich meine das doch auch nur gut mit dir, damit du nicht auf so eine reinfällst.«

»Da kannst du mir nichts vorschreiben. Ich werde nach ihr suchen. Und was Mutter betrifft, so ist das deine Sache. Schönes Vorbild bist du. Da willst **du** mir sagen, welcher Umgang gut für mich wäre? Der Umgang mit dir kann es ja dann wohl nicht sein.«

Dieter war so wütend. Er fand gar keine Worte für all das, was er seinem Vater an den Kopf knallen wollte und stieß ihn unsanft von sich. Otto stolperte über seine eigenen Füße, konnte sich in seinem trunkenen Zustand nicht abfangen und landete bäuchlings im Graben.

Er war wider Erwarten ganz zahm und flehte: »Sag deiner Mutter nichts und gib das Mädchen auf. Stell dir vor, ihr kommt zusammen? Dann fliegt ja alles auf!«

Dieter reichte ihm die Hand, damit er aus dem Graben klettern konnte. Es war eine äußerst lächerliche Situation, aber die Lage war zu ernst, um heiter zu sein.

»Ach, daher weht der Wind. Du bist um deinen Frieden und deine Geheimnisse besorgt. Es geht dir also gar nicht um mich!«

Dieter lachte bitter bei dieser Erkenntnis. »Hätte ich mir doch denken können.«

»Junge sei doch nur vernünftig! Das kann nicht gutgehen; für dich nicht und auch für mich nicht.«

»Lass mich in Ruhe. Dein Seelenfrieden ist mir egal. Ich werde sie finden.«

Damit schritt er schneller aus und ließ Otto stehen.

Der war erbost, beschämt und wütend. Er schrie seinem Sohn noch nach: »Wenn du **die** in unsere Familie holst, sind wir geschiedene Leute! Dann kannst du dir ne neue Wohnung suchen, denn dann vermache ich das Haus deinem Cousin!«

Das war ein echter Schlag für Dieter. Was hatte er nicht alles in die Wohnung, ja schon in das Haus investiert. Immer in dem Glauben, einmal der Besitzer zu sein, hatte er ständig renoviert und umgebaut. Die beiden Wohnungen, die seine Eltern und er bewohnten, waren sehr modern und komfortabel geworden. Darauf wollte er natürlich nicht verzichten. »Darüber ist noch nicht das letzte Wort gesprochen!«, schrie er wütend zurück.

In den nächsten Tagen gingen die beiden sich möglichst aus dem Weg. Dieter konnte beobachten, wie sein Vater um seine Mutter herumstrich und ihr förmlich die Wünsche von den Augen ablas. Das wirkte fast albern, da man ihn sonst nur machohaft kannte.

An diesem Mittwoch ging Otto nicht zum »Kegeln«. Seine Mutter hatte ihm verraten, dass er als Überraschung Ballettkarten besorgt hatte.

»Der hat sich doch über das »Gehüpfe« immer lustig gemacht«, kommentierte Dieter erstaunt.

»Er wollte mir damit außerhalb der Reihe eine Freude machen«, strahlte seine Mutter.

»Wie aufmerksam von ihm.« Dieter ging schnell die Teppen zu seiner Wohnung hinauf, um seiner Mutter nicht sein amüsiertes Gesicht zu zeigen.

Kurz darauf stürmte sein Vater, ohne anzuklopfen in Dieters Wohnung.

»Also, ich wollte dir nur sagen, ich bin mit deiner Mutter total im Reinen und du zerstörst mir diese Harmonie nicht!«

»Hast du ihr denn alles gebeichtet?«

»Nein, das nicht. Das ist auch nicht nötig. Ich werde mich ändern. Ich gehe mittwochs nicht mehr weg.«

»Nein, höchstens ins Ballett«, lachte Dieter schadenfroh.

»Lass den Quatsch. Ich will wissen, ob du noch weiter die Absicht hast, dieses Weib zu suchen.«

»Ja klar, ich hatte auch schon die ersten Erfolge. Wir werden uns am Wochenende treffen.«

Perplex starrte Otto seinen Sohn an. »Ja, und was ich dir wegen des Hauses gesagt habe bedeutet dir gar nichts?«

»Und ob! Du kannst mir doch nicht einfach so das Haus wegnehmen wollen. Du weißt selbst, was ich da schon alles ´reingesteckt habe.«

»Das weiß ich schon, das ist ja auch wunderbar. Aber es ist mir auch egal. Du kennst meine Bedingungen.«

»Du kannst mir solche Bedingungen gar nicht stellen. Da muss es dann eben rechtliche Wege geben, die mir das Haus sichern.«

»Ja? Welche denn?«

»Das werde ich schon herausfinden. Ich könnte natürlich dein geheimes Liebesleben auch Mutter petzen. Dann fliegst nämlich **du** ´raus.«

»Ha, das wird mal gar nichts!«, lachte Otto. »Das ist ja wohl **mein** Elternhaus, da geht fraglos eher ihr beide!«

»Mist!« Dieter war verblüfft. Daran hatte er nicht gedacht

Am Wochenende traf sich Dieter mit Annabell. Er hatte sich wirklich total verliebt. Seit Jahren war er nach dem Scheitern einer längeren Beziehung erneut auf Suche nach der Traumfrau.

Nein, diese würde er für seines Vaters Wohlbefinden nicht opfern. Was aber konnte man tun?

Zunächst musste er Annabell einweihen. Er schilderte ihr Ottos Vorwurf.

»Ja, das stimmt wohl leider. Meine Mutter hat diesen Ruf. Es schreckt dich doch hoffentlich nicht ab? Ich bin wirklich ganz anders.« Annabell wurde ganz verlegen.

»Bei meinem Vater ist es auch mehr die Angst vor der Offenbarung als eine wirkliche Abneigung gegen deine Mutter«, überlegte Dieter. »Irgendwie müssen wir ihn austricksen.«

Sie überlegten beide lange, schmiedeten Pläne und verwarfen sie wieder. Sicher war nur eins, sie wollten um jeden Preis zusammenbleiben.

»Ich hab‘s.«, ließ Dieter schließlich hören. »Wir machen eine Flucht nach vorn. Ich lade euch beide - deine Mutter und dich - zu uns zum Kaffee ein. Meine Mutter bereite ich auf euren Besuch vor. Mütter sind immer neugierig. Mein Vater wird überrumpelt und muss dann gute Miene zum bösen Spiel machen.«

«Wie willst du aber bewerkstelligen, dass dein Vater nichts davon erfährt?«

»Ich werde meiner Mutter sagen, dass Vater gegen die Beziehung ist, weil er Negatives über deine Mutter gehört hat. Ich male das dann schon dramatisch aus.«

»Na ja, das könnte gehen – aber hoffentlich nicht nach hinten! Die Hauptsache, er kränkt meine Mutter nicht mit irgendwelchen Bemerkungen.« Annabell war noch nicht so überzeugt.

»Das wird er sich nicht wagen«, war Dieters Überzeugung. »Der Schuss könnte sonst wirklich nach hinten losgehen.«

»Es ist aber glaub‘ ich wichtig, dass du auch deine Mutter einweihst, damit sie diese Komödie mitspielt.«

»Die spielt gerne mit, da bin ich ganz sicher.«

Die Vorbereitungen liefen gut, am nächsten Sonntag sollte sich die gemeinsame Kaffeerunde finden.

Als die Türglocke läutete und Otto die Tür öffnete - da er zufällig am nächsten stand - klappte vor Erstaunen sein Gesicht herunter und in seinen Augen waren eine Menge Fragezeichen zu sehen.

Da ja beide Damen eingeweiht waren, verwunderte dieser Anblick sie nicht weiter.

Dieter war aufgesprungen und eilte zu ihnen. »Darf ich euch bekanntmachen - dabei bezog er seine Mutter mit ein: Das ist meine Annabell und ihre Mutter.« Und zu den Frauen gewandt: »Und das sind meine Eltern, Familie Krüger.«

Der Kaffeeplausch verlief gesittet, aber nicht harmonisch. Otto warf sich ständig in Pose und protzte verbal mit seinen Erfolgen als Betriebsleiter in seinem Schokoladenwerk. Wenn seine Mutter Frau von Bredernitz ansprach, um sie mehr ins Gespräch einzubeziehen, fiel Otto seiner Frau ins Wort und stellte sie als Dummchen hin.

Frau Krüger gefiel dies natürlich gar nicht.

Annabell war peinlich berührt. Dieter suchte angestrengt, zu vermitteln und kam dann auf die Idee zu einer Wohnungsbesichtigung im oberen Stockwerk.

Otto führte mit galant um die Taille gelegtem Arm seine ehemalige Geliebte die Stufen hinauf.

Auch wenn Frau Krüger vornweg lief, so entging die Intimität ihrem wachsamen Auge nicht.

In Dieters Wohnung war hauptsächlich Annabells »ah« und »oh« zu hören, der die gesamte Einrichtung sofort gefiel. »Das muss aber alles sehr teuer gewesen sein«, ließ sie hören und »Und du hast so vieles selbst gemacht? Wieso kannst du das alles? Du bist ja ein toller Mann!«

»Also, das kann ich dir sagen«, platzte Dieters Mutter an diesem Abend zur Tür herein.

»Dieses Weib kommt mir nicht ins Haus! Die Junge nicht und schon gar nicht die Alte!«

Annabell Volkers hatte kein schönes zu Hause. Sie hatte *kein* zu Hause. Es gab keinen Ort, nach dem sie sich am Ende eines gestressten Arbeitstages sehnte, geschweige denn, sich geborgen fühlen würde. In den Jahren ihres Studiums wohnte sie im Internat. Die anderen Kommilitoninnen freuten sich immer, an den Wochenende zu ihren Familien zu fahren. Für sie war das eine Pflichtveranstaltung.

Ihr erstes Lehramt übernahm sie in Dresden. Eine gemischte WG war ihre zweckmäßige Unterkunft. Ihre Mitbewohner waren allesamt anstrengend, jeder auf seine Art.

Sicher war auch sie nicht einfach und sie versuchte bereits nach drei Jahren, eine Anstellung in einer Saalfelder Schule zu bekommen. Als das schließlich klappte, fühlte sie sich in dem Lehrerteam sehr wohl. Allerdings war sie wiederum in einer WG gelandet und hatte wieder Pech. In angetrunkenem Zustand versuchten die beiden männlichen Mitbewohner, sie zum Gruppensex zu animieren – was für ihre weibliche Hausgenossin kein Problem darstellte. Anna verschloss ihre Tür und musste sich ständig anhören, wie prüde sie sei.

Sie hätte so gern etwas Eigenes gehabt. Eine Wohlfühlinsel für sich und ihre Seele.

Just zu diesem Zeitpunkt lernte sie Dieter kennen und lieben. Sie malte sich ein idyllisches Familienleben aus. Deutlich konnte sie sich in der schmucken Wohnung sehen, wie sie am Herd stand, wie sie die Betten schüttelte; ja sogar ihre zukünftigen Kinder jagten durch die hellen Zimmer.

Dieter drängte sie immer wieder zum Einzug. In immer neuen Diskussionen versuchte er, die Probleme, die sie mit seinen Eltern kommen sah, kleinzureden.

Annabell war schließlich widersträubend eingezogen.

Irgendwie hatten sie sich im Laufe der Zeit alle zähneknirschend arrangiert.

Dieter hatte gedroht, wirklich auszuziehen, sollten seine Eltern seinem Ännchen Schwierigkeiten bereiten.

Als Familien pflegten sie kaum Kontakt untereinander, man lebte nebeneinander her.

Frau Krüger hatte stets einen boshaften Kommentar, wenn sie sich im Treppenhaus begegneten.

Annabell entschuldigte das damit, dass die Frau wohl nur mit einem IQ - knapp über Zimmertemperatur – ausgestattet war

Otto sinnierte ständig, wie er Annabell in Misskredit bringen konnte. Er spionierte sie aus und schnüffelte in ihrer Post. Er stand hinter den Gardinen, wenn sie aus dem Haus ging und petzte Dieter die Zeiten, die sie außer Haus verbrachte. Dabei verschandelte er mit Freude ihren Namen: An**a**bl – er betonte das zweite a und ließ das e gänzlich weg. Sein begleitendes Grinsen war echt dämlich.

Dieter verwöhnte sein Ännchen dafür umso mehr. Bevor sie einen Wunsch äußern konnte, hatte er ihn schon erfüllt. Seine Eifersuchtsattacken konnte er inzwischen handeln. Sogar die vorsorglichen und gutgemeinten Botschaften, die er ihr oft anhand von post-it- Nachrichten auf den Tisch legte, und die sie so hasste, reduzierte er auf ein unbedingt erforderliches Maß.

Wozu lag das post-it-Päckchen – pinkfarben – denn sonst auf dem Küchenregal, wenn man darauf nicht wichtige Mittelungen hinterlassen konnte?

Er hatte sich immer besser im Griff. Dieter wusste ja inzwischen, dass er sich auf seine Annabell verlassen konnte.

Nach einer ausgeruhten Nacht erschien Dieter pünktlich zu seinem Vorstellungstermin.

Die Gespräche und Tests verliefen zu seiner und des Geschäftsführers vollster Zufriedenheit.

Bei einem abschließenden Dinner hatte er einen Arbeitsvertrag in der Tasche, der gänzlich seinen Erwartungen entsprach.

Freudig hüpfte er wie ein kleiner Junge auf der Bürgersteigkante (ein Bein oben, ein Bein unten) zum Hotel zurück.

Sofort wollte er Anne informieren, aber die Stimme sagte ihm wieder: »the person, you have called...« Jetzt machte er sich doch etwas Sorgen, sie könnte ja auch einen Unfall gehabt haben?

Da er ohnehin nicht eine zweite Nacht in Köln verbringen wollte, trat er am Abend die Heimreise an.

Freie Strecke, keine Staus und keine Blondinen, die ihn behinderten.

Es war 23:00 Uhr, als er in den Hof einfuhr. Im Haus war alles dunkel.

Nachdem er den Korridor aufgesperrt hatte, stieß er mit dem Kopf gegen die offenstehende

Tür des Garderobenschrankes. Ärgerlich schaltete er das Licht ein und knallte die Tür zu. Mit drei Schritten war er an der Schlafzimmertür und fand bestätigt, was ihm im

Bruchteil einer Sekunde siedend heiß durch den Kopf geschossen war: SIE WAR WEG!

Alle Schranktüren und Schubladen waren geöffnet. Der Inhalt bis auf wenige Dinge geleert. Ihm war schlecht und schwindelig. Tränen füllten seine Augen. Er sackte mit dem Rücken gegen den Türpfosten und sank langsam zu Boden. Er schlang die Arme um die Knie und schaukelte wie ein Kleinkind langsam hin und her.

Sein Blick fiel auf ihre EGO-Wand, die sie ihm dagelassen hatte. Da klebte eine post it - Nachricht: »Such mich nicht, vielleicht melde ich mich.« Bezeichnenderweise war das post it in Herzform und in PINK.

Mit Tränen in den Augen betrachtete er das Armband in seiner Hand. Es sollte ein Mitbringsel sein, aus Freude über den geglückten Vertragsabschluss.

Es bestand aus kleinen goldenen Kettengliedern – ein sogenanntes Bettelarmband - an denen originell die verschiedensten Miniatur -Damenschuhe baumelten.

»Schuhe sind Rudeltiere«,

lachte Annabell Ahrend, als sie die Tür zu ihrem Schuhschrank öffnete, um Corinna ein Paar Joggingschuhe zu suchen. »Schau in der untersten Reihe, da findest du sicher ′was passendes.«

»Wow!«, ließ Corinna hören. »Du hast ja eine ordentliche Sammlung.«

Bewundernd betrachtete sie die Reihen pedantisch untergestellter Paare, in allen Formen und allen Farben. Beeindruckend!

Annabell wiegelte ab: »Ich kann nur nicht so schnell was wegschmeißen.«

»Ach ja, und auch Handtaschen fühlen sich schnell einsam?«, fragte Cora nach, als sie die rechte Tür des Schrankes öffnete.

»Du hältst mich für ganz schön überdreht, oder?«

»Nein, von dieser Krankheit hatte ich schon gehört. Ich wusste aber nicht, dass du darunter leidest.«

Sie lachten beide ausgelassen, während Corinna sich ein paar weiße Joggingschuhe herausgezogen hatte, die mit einer Einlegesohle auch angenehm bequem waren.

Eine Jogginghose und ein Sportshirt ergänzten das Outfit. Annabell verstellte Rainers Walking-Stöcke:

»Ich will dich aber nicht überrumpeln. Wenn du keine Lust auf einen Marsch hast, bleiben wir hier.«

»Nein, ich gehe gern mit. Ich bin ja froh, dass ich dich noch angetroffen habe, wenn ich hier so unverhofft auftauche. Nachdem ich dich gestern zweimal telefonisch nicht erreicht habe, war es ein total spontaner Einfall, gleich selbst zu kommen.«

»Den ich klasse finde, so sehen wir uns endlich mal wieder.«

Anna umarmte die Freundin.

»Ach ist das schön, dass du da bist! Wir haben uns so lange nicht gesehen.«

»Ja, wenn wir uns auch ab und zu aus den Augen verlieren, so doch nicht aus dem Herzen«, philosophierte Cora. »Ich war offen gestanden zu feige, dich nach dem Unfall im Krankenhaus zu besuchen.«

»Das kann ich verstehen, bin dir auch nicht böse.«

Angenehm erschöpft kamen sie nach eineinhalb Stunden zurück.

Annabell schickte die Freundin zuerst unter die Dusche und bereitete inzwischen das Frühstück.

Als sie die Dusche noch immer plätschern hörte, ging sie auch noch zum Briefkasten und nahm eine Menge Post heraus.

»Ach, das tat gut. Ich bin so ein richtiger Warm- und Dauerduscher.«

»Da können wir uns zusammentun, ich finde auch immer kein Ende. Seit Rainer die Heizung umgerüstet hat, gibt es auch niemals Mangel an warmem Wasser.«

Annabell war schnell selbst noch unter die Dusche gesprungen, danach setzten sie sich am Frühstückstisch gegenüber und lasen dabei Post und Zeitung.

Anna nahm sich einen roten Edding, stand auf und animierte Cora: »Komm mal kurz mit in mein Büro.«

Die Müslischüssel in der linken und den Stift in der rechten Hand notierte sie den Termin einer Buchlesung in der übernächsten Woche in ihrem großen Wandkalender.

Fast an jedem Tag gab es da Einträge – in verschiedenen Farben.

»Ist heute der achte?«, wollte Corinna wissen, die voller Ehrfurcht vor dem Monsterkalender stand. Und als Anna bestätigend nickte:

»Dann hast du heute eine Lesung in Stuttgart.«

»Was?« Annabell ließ vor Schreck fast die Müslischale fallen. »Steht das da?«

Sie schaute selbst nach. »Und ich hatte gedacht, das wäre nächste Woche.

Ach du Himmel!«, sie war total konfus. »Was mach ich denn jetzt?«

»Ich verschwinde wieder. Du kannst das noch gut schaffen – zirka vier Stunden Autofahrt – da bist du locker vor 17 Uhr da.«

»Kannst du nicht mitkommen? Du hast gesagt, Axel ist bis zum Wochenende auf diesem Kongress.

Ich hab ein Zimmer gebucht. Wir machen uns einen schönen Mädels Abend und übernachten in Stuttgart.«

»Ja«, überlegte Corinna. »Das wäre eigentlich kein Problem. Bin ich von zu Hause ausgebüchst, kann ich auch weiterfahren. Ich hab aber nichts weiter dabei.«

»Schuhe und Handtaschen hab ich ja genug. Einen Schlafanzug und Wechselklamotten hätte ich auch. Auch eine Gästezahnbürste.«

»Was jetzt? Jeder deiner Gäste bekommt diese Gästezahnbürste?« Das war Corinna nicht geheuer. »Ja klar«, grinste Anna. »Aber jeder eine Eingeschweißte«, beschwichtigte sie lachend.

Im Schlafzimmer probierte Corinna Klamotten an, während Annabell ihr Bett aufschüttelte.

»Das ist doch ein Herrenschlafanzug, den du da in deinem Bett liegen hast?«

»Ja, so bin ich Rainer immer noch nahe. Nach meinem Krankenhausaufenthalt hab ich zu Hause noch wochenlang seinen Schlafanzug und die Bettwäsche unserer letzten gemeinsamen Nacht benutzt.

Es hat sehr lange gedauert, bis ich akzeptieren konnte, dass er nicht mehr da ist.«

»Das tut mir so leid. Kannst du über den Unfall reden?«

»Ja, inzwischen schon. Ich erzähl ´s dir im Auto. Lass uns losfahren.«

Sie trugen ihre Sachen in die Garage und warfen die Tasche in den Kofferraum.

Da waren bereits ein Rollkoffer und zwei Kisten Bücher verstaut.

Für Axel wurde noch schnell ein *Selfie* erstellt, auf dem beide zu sehen waren - und per SMS gesendet.

»Er ist doch ziemlich eifersüchtig und ein fürchterlicher Kontrollfreak. Da sieht er, dass ich mit *dir* unterwegs bin«, meinte Corinna erklärend.

»Wie lange hast du noch frei?«, wollte Anna wissen.

»Ich hab noch zwei Wochen frei, als Ersatz, weil ich während der Schulferien ein Projekt geleitet habe.«

Gerade, als Anna das Garagentor öffnete, kam ihr Nachbarssohn die Straße heruntergeschlendert.

»Na, Schule geschafft?«, begrüßte sie ihn.

»Wir hatten zwei Stunden Ausfall. *Mrs. Betterknow*, ich wollte gerade ´rüberkommen und fragen, ob Sie Lust auf eine Englischlektion haben.«

»Das tut mir Leid, *Mr. Whitenose,* ich muss weg. Ich melde mich, wenn ich zurück bin, versprochen.«

Er zog einen Flunsch und trödelte weiter.

»Gibst du Englisch – Nachhilfe?«, fragte Corinna nach.

»Nein, nein. Der Paul ist in der Schule sehr gut, auch in Englisch. Sechste Klasse. Oft bringt er mir noch was bei – was die gerade so lernen. Vor allem Grammatik und Aussprache.

Mir kommen die Übungen mit ihm gerade recht. Und: wir sprechen nur englisch.

Wir haben unsere Geheimnamen: Frau Besserwisser und Herr Naseweis.

Da fiel Annabell etwas ein. Sie beorderte Paul nochmal mit einem »Hey Paul!« zurück.

»Hör zu, ich habe meine Englischlehrerin um Rat gefragt. Wir müssen unsere Geheimnamen noch einmal ändern. Wir übersetzten sie in unserem *Bauernenglisch* einfach so, wie der Wortlaut im Deutschen ist, das geht so nicht!«

»Und wie heißen wir dann jetzt?« Paul tat immer noch beleidigt.

»Es würde daraus ′Mrs. Know-it-all′ und ′Mr. Smartypants′, kannste dir das merken?«

»Klar doch, aber unsere Namen fand ich cooler.«

»Ja schon, aber wir wollen uns doch nicht lächerlich machen, oder?« Nun trottete er weiter.

Zu Corinna gewandt erklärte sie, dass sie natürlich auch Kurse in der Volkshochschule belegt hätte, um in Australien dann besser zurecht zu kommen.

»Respekt. So ein Abenteuer zu wagen – in unserem Alter!«, war Coras anerkennender Kommentar.

»Na hör mal, mit Fünfzig gehört man doch noch nicht zum alten Eisen!«

»Nein, Du sowieso nicht! Wenn ich sehe, was du alles auf deiner Agenda hast, da sind ja täglich Termine und

Aktionen eingetragen. Du solltest da übrigens auch ab und zu mal draufschauen.« Sie lachte.

»Stimmt, ich bin ein bisschen getrieben. Will mich wahrscheinlich betäuben.

Beruflich habe ich mich allerdings ein wenig rar gemacht. Als Selbständige kann man das ja einteilen. Ich habe im letzten Halbjahr nur monatlich einen Coaching - Auftrag angenommen, allerdings gingen die jeweils über eine Woche. Und wenn ich Glück habe, kann ich die Termine oft sogar mit ′ner Buchlesung verbinden.

Es macht mir schon noch Spaß. Aber wie du schon sagst, ich habe noch so vieles andere drum herum.

Was mir aber selbst auffällt: ich bin seit meiner Genesung total unruhig und übermäßig agil.

Ich war früher auch keine Transuse, aber jetzt muss dauernd was abgehen.

Wahrscheinlich haben die mir im Krankenhaus bei den vielen Operationen das Blut von einem besonders quirligen Menschen gegeben.«

»Die haben dich verjüngt und total verschlankt, sei froh. Wann schreibst du bei deinen vielen Aktivitäten dann noch an deinen Büchern?«

»Kann ich so gar nicht sagen – sehr spontan, wenn mir was einfällt, überall hab ich Zettel und Stift dabei. Die besten Einfälle hab ich im Bett. «

»Dann schläfst du nicht mal nachts? Übertreib bloß nicht!«

»Mach ich schon nicht. Jetzt aber los! Wir trödeln hier herum, wer weiß, was auf der Autobahn los ist!«

Entspannt nahmen sie auf ihren Sitzen Platz.

»Weißt du was besonders angenehm ist? Bei allen Aktivitäten und den vielen Terminen- ich mach nichts unter Druck, alles easy.

Manchmal ein wenig hektisch, auch schon mal chaotisch, aber nie, weil ich muss. Ich liebe Chaos!

Weder als Coach noch als Buchautor hab ich Zeitdruck oder finanzielle Not. Das macht jede Aktion unbeschwert.« Annabell schaute drein, als wäre ihr diese Erkenntnis gerade erst gekommen. »Ich hab meine Prioritäten anders gesetzt als vor dem Unfall.«

»Ja, zumindest darum bist du zu beneiden. Wir haben uns ja nun erst vor vier Jahren das neue Haus angetan. Da muss ich schon noch Geld verdienen, um den Kredit mit abzubezahlen. Das Lehramt ist nicht immer Freude.

Kürzlich sagte eine Schülerin, die ich wegen ihres Störens im Unterricht ermahnt hatte, zu mir: *'ach wissen Sie Frau Kogler, das geht nicht gegen Sie, aber der Unterricht geht mir am Arsch vorbei'.* Das motiviert nicht gerade.

Da waren die Ungezogenheiten, die sich die Schüler damals zu meinem Berufsstart leisteten, wirklich harmlos.

Ich erinnere mich noch gut, als ich im Praktikum ganz allein eine zwölfte Jungenklasse unterrichten sollte. Die Kerle feixten schon im Gang in Vorfreude auf die junge, unerfahrene Lehrerin. Sie waren fast alle einen Kopf größer als ich; der würden sie's schon zeigen!

Als ich nach dem Klingelton das Klassenzimmer betrat, befand sich keiner auf seinem Platz. Einige standen in Gruppen und quatschten, die meisten hatten sich auf die warme Heizung gesetzt und baumelten die langen Beine.

Ich betrachtete mir das einen Moment ganz ruhig (äußerlich). Dann verblüffte ich sie mit: *'wenn die Herren dann trocken sind, können wir mit dem Unterricht beginnen'.*

Ab diesem Moment hatte ich sie auf meiner Seite, ich hatte offensichtlich den Test bestanden.« Corinna lächelte bei dieser Erinnerung.

»Ich weiß noch, dass man darüber tagelang im Lehrerzimmer lachte«, bestätigte Anna. »Das ist heute wirklich kein Vergleich mehr zu diesen Jahren.«

Die Erwachsenen, die am Coaching teilnehmen, **wollen** lernen. Damit sind sie auch (meist) disziplinierter. Soll ich mich mal umtun, ob es da einen Job für dich gäbe?«, bot Annabell an.

»Prüfen kann man das ja mal«, antwortete Cora mit Selbstzweifeln in der Stimme.

In diesem Moment bremste Annabell scharf, so dass Corinna sich erschrocken an der Konsole festhielt.

»Du hast Vorfahrt, warum bremst du?«

»Der kam jetzt aber an die Kreuzung herangeschossen! Genau so war es bei dem Unfall. Wir hatten Vorfahrt! Da kam aus der Seitenstraße ein Wagen auf uns zu gerast – nein komplett in uns hineingerast. Wir hatten keinerlei Chance auszuweichen. Vor meinem geistigen Auge sehe ich noch immer die weit aufgerissenen, entsetzten Augen der Beifahrerin und dann ist alles dunkel. Ich habe einen Schwefelgeruch in der Nase; ansonsten weiß ich nichts mehr.

Als ich nach vier Wochen aus dem Koma aufwachte, berichteten die Ärzte mir schonend, dass Rainer den Unfall nicht überlebt hatte. Der Wagen war mit Wucht auf die gegenüberliegende Straßenseite geschleudert worden, wo ein Hänger mit Eisenteilen abgestellt war.

Die durchbohrten seinen Körper und er war sofort tot. Zum Glück, sagten die Ärzte.

Mir standen mehrere Operationen bevor. Magen und Darm mussten rekonstruiert werden.

Wegen inneren Blutungen hatte man bereits eine Niere entfernt.

Natürlich war ich erstmal total geschockt und stand ziemlich neben mir. Ich erhielt laufend psychologische Betreuung.

Zuerst wollte ich auch nicht mehr weiterleben. Dagegen kämpften die Ärzte massiv an, denn der eigene Wille ist im Heilungsprozess enorm wichtig.

Diese Selbstheilungskräfte sind unersetzlich und schließlich konnte ich sie auch aktivieren.

Ich stellte mir immer vor, was Rainer wohl sagen würde, wenn er mich so mutlos sähe.

Der Besuch meiner Schwester, die gleich, nachdem ich aufgewacht war, an meinem Bett saß, hatte schließlich den Ausschlag gegeben.

Wenn die extra aus Australien geflogen kommt, kann ich mich doch nicht so hängen lassen!«

»Da hast du wirklich eine Menge durchgemacht. Wie geht es dir jetzt? Ich meine gesundheitlich?«, wollte Corinna wissen.

»Mit einer Niere kann man gut leben, wenn die andere gesund ist. Magen und Darm sind nur noch in Teilen vorhanden. Das ist aber auch nicht so schlimm, wenn ich bestimmte Regeln einhalte. Immerhin hat es mich um vierundzwanzig Kilo leichter gemacht. Ein Erfolg, den ich mit meinen jahrelangen Diäten nie erreicht habe.«

»Und es steht dir ausgezeichnet. Beneidenswert!«

»Schon, aber lieber hätte ich den Speck ***und*** Rainer behalten. **So** wollte ich nie abnehmen!

Es ist schon makaber. Eine Freundin hatte immer den Spruch: *Nichts ist so schlecht, dass es nicht auch etwas Gutes hat.«*

»Wie man sieht, machst du auf jeden Fall das Beste daraus.«

»Ich hatte eigentlich immer schon eine positive Denkweise, die hat sich zum Glück wieder eingestellt.«

»Wie hat denn eigentlich deine Schwester von deinem Unfall erfahren, oder überhaupt jemand?«

»Hier war von Vorteil, dass ich nach wie vor alles ordentlich aufschreibe.

In meinem Notizbuch, in dem ich Wichtiges, aber auch ´ne Menge Unwichtiges festhalte, habe ich auf der ersten Seite die Adresse und Telefonverbindung meiner Nachbarn – die Eltern von Paul - als Kontaktpersonen im Notfall angegeben. Auch die Daten meiner Schwester sind da zu finden.

Aus dem Krankenhaus hat man also die Bischofs benachrichtigt und die haben alles, aber auch alles organisiert. Sie haben schon seit langem einen Schlüssel zu unserem Haus und wir für ihres.

Von Dank wollten sie nie etwas hören. Da wir uns in all den Jahren viel um Paul gekümmert hatten, wäre das eine Gelegenheit, Dankbarkeit zu zeigen.

Wir taten das immer gern. Da wir ja keine eigenen Kinder hatten, war Paul ein Ersatz.

Aber ich weiß wirklich nicht, wie das alles ohne Bischofs gegangen wäre.«

»Na, wenn ich dir da von meinen Nachbarn erzählen würde! Sie ist so eine »Verhuschte« – erscheint zumindest so. Da kann man sich sehr täuschen. Sie spitzt eine Menge Pfeile, die er dann verschießt. Aber was da so kommt…!«

»Nimm den Rat einer Hobby - Psychologin an: geht beide mit einer Flasche Wein zu den Nachbarn und redet miteinander. Nur so kann man Probleme klären. Oder zumindest in Erfahrung bringen, warum sie sind wie sie sind.«

»Du hast sicher Recht, Axel hat auch kürzlich erst vorgeschlagen, dass wir sie mal zum Grillen einladen sollten.«

»Nein, nicht in Gesellschaft, nur ihr vier, sonst fühlen sie sich eventuell »vorgeführt«.

Sie verstummten, als im Autoradio Chris de Burgh zu singen begann: *»don't pay the ferryman«* und summten die Melodie mit.

Sie waren beide Fans von CdeB. Corinna hatte sogar ihre Tochter »Rosanna« genannt, wie auch seine Tochter hieß. (Die war 2003 sogar »Miss World«)

»Wir könnten mal wieder gemeinsam zu einem Konzert gehen?«, schlug Anna vor.

»Wir müssen auch nicht mehr unbedingt was rotes anziehen, er geht jetzt immer zu den jüngeren Frauen«, lachte sie.

»Ach du meinst, weil er immer bei seinem Song *'Lady in red'* im Publikum auf die Frauen zugeht, die rot gekleidet sind?«

»Ja genau. Aber da sind wir jetzt nicht mehr sein Beuteschema.«

»Das macht mir nichts. Seine Musik mag ich trotzdem sehr.«

»Schau doch mal im Handschuhfach. Da liegen mehrere CDs von CdeB; da haben wir bis Stuttgart ausgesorgt.«

Fast jeden Song konnten sie mitsingen. So verging die Zeit rasch und sie trafen am späten Nachmittag gut gelaunt in ihrem Hotel ein.

Wie immer staunte Annabell, dass das Navigationssystem sie so ohne jedes *Sich verfahren*

auf den Parkplatz des Hotels gelotst hatte. Anna war ein absoluter Orientierungsidiot.

Mit Grauen denkt sie oft an die Odyssee, als sie eine Stunde in Hannover auf der Suche nach einem Seminarhotel schließlich entnervt am Straßenrand gehalten und vor Wut geheult hatte. Hinter ihr hielt ein Taxi und ließ eine Oma aussteigen.

Spontan war sie zu dem Fahrer gegangen und hatte ihm ihren Zielort genannt.

Der fuhr dann vor ihr her bis zum Hotel. Als Entgelt wollte er nur einen lächerlichen Betrag, mehr symbolisch. Er hatte viel Freude an diesem Auftrag, denn Annabell trug zum einen – durch Styling und Auftreten erkennbar – eine große Selbstsicherheit vor sich her.

Andererseits suchte sie verängstigt und verheult nach irgendeinem Strohhalm, der ihre Hilflosigkeit beendete.

»Tolle Erfindung, das Navi«, meinte sie nur anerkennend und schaltete es aus.

»Ich frag gleich mal an der Rezeption, wo die Buchhandlung ist, in der meine Vorlesung stattfindet.«

Damit steuerte sie schon den Tresen an.

»Wir haben ja noch richtig viel Zeit, wenn die Lesung erst 17:00 Uhr beginnt.«

Corinna hatte kurz auf die Uhr geschaut.

»Ja, und danach auch noch massig, sie geht ja nur eineinhalb, höchstens zwei Stunden.

Was hältst du davon: wir fragen nach, ob heute Abend irgendwo ein *Line-Dance-Kurs*

läuft. Aber nur, wenn du Lust hast«, fügte Annabell noch hinzu.

Corinna lachte: »Du brauchst aber auch wirklich ständig Action. Hast du nicht vom Autofahren genug? Von mir aus können wir gern noch tanzen gehen. Dann schmeckt auch das Abendessen besser.«

»Ja eben. Komm, wir fragen mal.«

Line-Dance war die zweite Leidenschaft, die die Freundinnen teilten. Cora hatte Annabell da ′reingequatscht. Vor vielen Jahren, als sie noch direkte Kolleginnen waren.

Anna hatte erst gestöhnt: »Das lerne ich nie, das sieht so leicht aus, aber die Choreographie ist ganz schön kompliziert.«

»Wenn du die erst einmal im Kopf hast, hast du sie auch schnell in den Beinen.«

Und so war es auch. Annabell ging regelmäßig – wenn sie zu Hause war – zu ihrem wöchentlichen Kurs. Auch Cora hatte damit nie nachgelassen.

Da die Choreographie der Tänze international gleich war, konnte man bei jeder Veranstaltung unkompliziert einsteigen.

Sie hatten Glück; die Schwägerin der Rezeptionistin ging regelmäßig zu einer -Dance-Gruppe, die an diesem Tag probte.

Der Plan für den Rest des Tages stand. Buchlesung um 17:00 Uhr, danach Line Dance, anschließend gemütliches Abendessen und vielleicht Hotelbar, bevor sie dann erschöpft ins Bett fallen würden.

»Ich bin so froh, dass ich den spontanen Einfall hatte, dich zu besuchen. Dagegen ist mein Leben fast langweilig«, meinte Corinna, die ihrer Freundin zuschaute, wie sie aus diesem Koffer, den sie schon fertig im Auto hatte, mehrere Klamotten herausräumte.

»Axel ist ein ganz lieber, aber manchmal ein bisschen träge – und halt so misstrauisch.«

»Das ist ein kleiner Vorteil vom Alleinsein, man muss auf niemanden Rücksicht nehmen.«

»Was hast du denn alles in dem Koffer?«, wollte Cora wissen. »Der lag doch schon gepackt im Auto.«

»Das ist mein *Spontangepäck.* Das hab ich immer im Auto parat. (Wie eine Schwangere, die die Einlieferung in die Geburtsklinik erwartet.)

Sportkleidung, Nachtwäsche, Wechselhosen und -shirts, fast alles doppelt. Auf alles vorbereitet!«

Anne musste über das erstaunte Gesicht ihrer Freundin lachen.

»Sogar zwei Badeanzüge«, erklärte sie.

»Da können wir morgen vor dem Frühstück gleich noch ′ne Runde Schwimmen – hier im Hotelpool.«

»Vor oder nach dem Joggen?«, erkundigte sich Cora ernsthaft.

»Joggen willst du auch noch?« Anna war erstaunt.

»Na ja, ich dachte, eine halbe Stunde ist da sicher noch Leerlauf.«

»Jetzt nimmst du mich aber auf den Arm, oder?«

»Niemals!« Corinna hatte auf ihrem Handy eine Nummer gewählt und Axel war auch sofort dran.

»Ich wollte dir nur kurz berichten, dass wir gut in Stuttgart angekommen sind. Wir gehen dann zur Lesung und der Rest des Abends ist auch durchgeplant.«

Danach hörte sie eine Weile zu und verabschiedete sich mit: »Ich dich auch. Ich melde mich morgen wieder. Noch einen schönen Abend!«

Sie steckte das Handy in ihre Tasche.

»Ich soll dich von Axel grüßen.«

»Danke.« Nach einiger Überlegung: » So wirklich mochte er mich noch nie, oder?«

»Das kannst du so nicht sagen. Du warst halt immer schon so quirlig – nach seinem Geschmack. Er mag lieber die langsamen Gänge.«

Annabell nickte: »Hauptsache, er mag dich; und ich weiß, dass ihr glücklich seid.

Du hattest dagegen mit Rainer keine Probleme, soweit ich das beobachten konnte.

Manchmal war ich direkt eifersüchtig.

Wie ihr damals in unserem Italienurlaub durch die Gemäldegalerien gezogen seid und in eurer Begeisterung gar nicht zu stoppen wart.«

»Wir hatten halt beide dieses Faible für die alten Meister. Rainer konnte ja selbst so exzellent malen. Ich habe dazu null Talent, aber ich schau mir ´s gerne an.«

Corinna war bei dieser Erinnerung direkt rot geworden.

Auf dem Hotelparkplatz begegneten sie der Rezeptionistin.

»Ich gehe übrigens auch zu Ihrer Lesung, wenn man schon mal die Autorin im Haus hat!« strahlte sie.

»Das freut mich aber, da sind wir ja schon zu dritt. Ich wünsche Ihnen viel Spaß«, lachte Annabell.

»Da brauche ich mich hinterher nicht nach einer Widmung anzustellen, oder? Die bekomme ich doch bestimmt auch morgen früh hier im Hotel?«

»Na klar, das lässt sich einrichten.«

Sie waren zur Lesung mehr als drei Leute. Grob geschätzt waren wenigstens einhundert Interessierte in dem gemütlichen kleinen Lesesaal.

»Ach du lieber mein Gott!«, rief Annabell gerade erschrocken aus, als ein gut gekleideter Herr direkt vor ihnen stehen blieb.

»Aber nein, ***Gott*** -das ist doch nicht nötig. Ich bin´s nur. Es genügt, wenn Sie mich mit *Herr Ramlok* ansprechen«, lachte er schadenfroh. »Maximilian Ramlok«, hauchte er mit einer leichten Verbeugung in Corinnas Richtung.

»Wie haben Sie mich ***jetzt*** wieder gefunden?«, wollte Annabell verärgert wissen.

»Bella, Sie wissen doch, dass mir keine Mühe zu groß ist, Ihren Spuren zu folgen.«

Anna zerrte Cora unsanft am Arm und steuerte zu ihrem Lesepult.

»Wer war denn der charmante Mann? Warum hast du ihn so abgebürstet?«, fragte Cora naturgemäß neugierig.

»Das ist eine längere Geschichte. Eines unguten Tages kam er als Zuhörer zu einer Lesung und bedrängte mich vor, während und nach der Veranstaltung mit anzüglichen, zweideutigen Fragen und Hypothesen. Mir war das gegenüber meinen übrigen Zuhörern

schon peinlich, aber er war sehr renitent.

Nach der Lesung tauchte er auch in meinem Hotel auf und als ich mich deshalb nicht aus dem Zimmer traute, winselte er vor der Tür herum.

Am anderen Morgen lag da ein riesiger Rosenstrauß.

Seitdem ist er bei den meisten meiner Buchlesungen dabei, war sogar auch schon zweimal zu einem Coaching-Seminar erschienen.«

»Oh. Das ist natürlich heftig«, ließ Cora hören, »hat er dich auch schon richtig belästigt? Ich meine körperlich.«

»Das gerade nicht, er bleibt immer höflich. Aber seine ständige Anwesenheit, seine Hartnäckigkeit, ja Aufdringlichkeit machen mich total wahnsinnig.

Das Schlimmste ist, er nennt mich ständig *Bella,* das hat nur Rainer gesagt. Ich könnte ihn erwürgen!«

»Woher kennt er denn deine Termine?«

»Wenn ich das nur wüsste!«

»Aber er sieht sehr gut aus«, war der abschließende Kommentar von Corinna.

Dann begann die Vorlesung.

Es war ein tolles Publikum. Viele hatten die beiden Bücher *Fremd im Paradies* und

Abschied vom Paradies schon gelesen und stellten fundierte Fragen.

Herr Ramlok musste die Romane ja inzwischen auswendig kennen. Er stellte seine vielen Fragen aber so, als höre er zum ersten Mal von *Mirandas* Erlebnissen.

»Es wäre nur fair, Herr Ramlok, wenn sie den anderen interessierten Lesern auch einmal die Chance einräumen würden, ihre Fragen zu stellen, bitte«, wies Annabell den vorlauten Besucher sanft zurecht. In ihr kochte es.

Corinna drehte sich zu ihm um, zuckte leicht die Achseln. Sie lächelte ihn entschuldigend für ihre Freundin an.

»Was soll das denn?«, fragte sich Anna erstaunt. »Sie kann ihn gerne haben.«

Es stimmte, er sah gut aus. Wie stets war er korrekt gekleidet – Over style für diesen Anlass.

Sein Hemd – in kräftigem Rosa – harmonierte hervorragend mit seinem Binder und dem dunkelblauen Anzug.

Seine eleganten braunen Schuhe – sicher italienisch und handgefertigt – passten farblich nach Annas Meinung nicht so recht dazu. Aber sie war ja keine Modeexpertin.

Er war um die Fünfzig. Er hatte schon einige graue Strähnen in seinem dunklen, kurzgeschnittenem Haar, was ihn äußerst interessant erscheinen ließ.

Sein Mund war voll und weich, seine grauen Augen blickten sanft und lächelten.

Anna konnte verstehen, dass ihn Corinna verwirrte. Corinna mochte Männer mit Ausstrahlung. Sie mochte Männer überhaupt. Sie hatte früher immer im Ruf gestanden, *mannstoll* zu sein.

Aber das interessierte Annabell weniger, jeder sollte nach seiner Fasson selig werden.

Nur, dieser Max schien ihr doch unheimlich, wenn nicht gefährlich.

Sie hatte noch nicht herausgefunden, was er denn eigentlich von ihr wollte – außer stalken.

Diese Gedanken verdrängte sie aber jetzt erst einmal.

Mirandas Geschichten fanden großen Anklang, Annabell hatte viele Bücher verkauft und signiert. Die Buchhändlerin war zufrieden und Anna auch.

So war es dann schon fast sieben Uhr, als sie zum Auto gingen. Sie fuhren ohne Zwischenstopp zum Fitness-Center, wo die Line-Dance-Probe stattfand.

Zum Glück war dieser Maximilian nirgends zu sehen.

Sie wurden fröhlich begrüßt und es ging auch sofort los. Fast alle Tänze kannten sie und tanzten eifrig mit.

Die Gruppe lernte an diesem Abend die Choreographie von *Rose Garden,* die die Freundinnen schon beherrschten. Da konnten sie sich freudig als Vortänzerinnen betätigen.

Nach zwei anstrengenden, aber fröhlichen Stunden verabschiedeten sie sich überschwänglich. Auf dem Weg zum Hotel sangen sie aus vollem Halse den Song von

I never promised you a rose garden und im Aufzug noch einmal, wenn auch etwas dezenter.

In ihrem gemütlichen Hotelzimmer plumpsten sie erschöpft aufs Bett.

»In meiner Magengegend rebelliert es doch ein wenig. Bekommen wir jetzt noch irgendwoher irgendwie irgendwas zu essen?«, fragte Corinna sehnsuchtsvoll.

»Vielleicht sollten wir noch ein wenig an die Bar gehen. Bestimmt bekommen wir da noch einen Snack zu etwas Alkohol, oder umgekehrt«, schlug Anna vor.

Sie duschten kurz noch einmal, teilten sich die gängigsten Klamotten aus den Koffern und schminkten sich gründlich.

»Ich hätte doch noch andere Schuhe einpacken sollen«, stöhnte Annabell. »Hast du die Schuhe in dem Geschäft neben der Buchhandlung gesehen?«

»Ich hab dich extra nicht auf den Laden aufmerksam gemacht. Du hast ihn aber trotzdem entdeckt.«

»Solche Geschäfte ziehen mich an, wie Magneten. Die Zeit war aber viel zu kurz. Ich brauche da immer mindestens eine Stunde, bevor ich mich entscheiden kann.

Und weil ich das schlecht kann, gehe ich meist mit zwei Paar heraus und kenne die Verkäuferinnen dann persönlich. Kürzlich hatte mir eine nette junge Schuhverkäuferin lachend von ihrem frechen kleinen Bruder erzählt. Sie hatte auch diese sensationellen Stiefel erworben, die ich gerade in der Hand hielt. Zu ihrem Bruder sagte sie, dass sie sich in diesen Schuhen so wohl fühle wie in ihrer eigenen Haut. Er hatte geantwortet, dass ihn das gar nicht wundere, denn sie wären ja aus Ziegenhaut.

Natürlich habe ich diese Stiefel auch erstanden.

Denn du weißt ja…«

»Ja, ja, Schuhe sind Rudeltiere. Und du sorgst einfach nur für ihre *artgerechte* Haltung.«

Sie lachten wieder ausgelassen, als sie an der Bar ankamen.

Annabell verging das Lachen sofort, als sie Max dort sitzen sah.

Bevor sie noch irgendetwas sagen konnte, zog Corinna sie weiter zum entgegengesetzten Ende des Tresens. »Lass gut sein, er will auch nur seinen Spaß!«

Sie ließen sich in der Nähe eines jungen Mannes nieder, der den Barkeeper in ein Gespräch verwickelt hatte: »Das ist doch wirklich erschreckend mit die Kultur. Sie geht bald völlig im Argen. Bin ich denn hier der Einzige, wo deutsch spricht?« lallte er über die Theke.

Der Barkeeper lächelte. »Ja, ja, auch die Sprache wird immer nachlässiger, oft begünstigt das der Alkohol.«

»Na ja, das ist individuell unterschiedlich. Auf mich hat das keine Einwirkungen, oder Auswirkungen? Egal ich bin korrekt.«

Der Barkeeper drehte sich zu seinen beiden neuen Gästen um und lächelte sie einladend an: »Was kann ich den Ladys Gutes tun?«

Sie bestellten trockenen Rotwein und Kanapees und naschten schon mal ausgiebig von den Crackern, die in kleinen Schalen auf der Tresenplatte standen.

»Dich interessieren die Kalorien nicht? Du weißt schon, diese kleinen Dinger, die nachts die Klamotten enger nähen?«, erkundigte sich Cora.

»Ich achte schon darauf, mehr auf die Menge, als auf den Kaloriengehalt. Heute haben wir aber wirklich kaum etwas gegessen.«

»Ja, das letzte war das Sandwich beim Tanken. Ich dachte schon, mein Magen übertönt jetzt meine Stimme.«

Die Kanapees und der Wein wurden serviert und sie langten herzhaft zu.

Annabell konnte nicht umhin, heimlich einen Blick in Richtung Max zu wagen. Er war so ungewohnt zurückhaltend.

Er hielt sich gelangweilt an seinem Drink fest und tat so, als wären die beiden gar nicht da.

»Das ist gut«, dachte Anna erfreut. »Hoffentlich bleibt das so.«

Als der junge Mann mit dem Kulturproblem Anstalten machte, sich den beiden zu nähern, zog es ihm die Beine weg. Er lag ihnen zu Füßen und kicherte: » Ich bin wohl doch nicht mehr so ganz Herr von meine Sinne. Besser ist, ich verspute mich.«

Mühsam erhob er sich und ging – abwechselnd auf beiden Seiten des Teppichläufers und sich an allen Stühlen festhaltend – auf die Fahrstühle zu.

Mit vollen Mündern ließen die Freundinnen lässig auf ihren Hockern sitzend den Tag noch einmal Revue passieren.

Sie verabredeten, dass Cora noch eine Nacht bei Anna zu Hause verbringen würde bevor sie dann übermorgen nach Rostock aufbrach.

Sie wollte unterwegs in Halle bei ihrer Schwester und ihrer Tochter vorbei schauen und eventuell dort auch eine Nacht bleiben.

»Wie geht es denn eigentlich Rosanna? Was macht sie jetzt? Sie ist dreizehn oder vierzehn? Ich hab sie nur einmal als Baby gesehen. Hast du nicht ein aktuelles Bild von ihr?«

Verlegen winkte Cora ab. »Ich bin eine schlechte Mutter, ich habe noch nicht einmal Fotos dabei. Im Moment ist sie bei meiner Schwester in Halle. Sie durfte für ein Jahr die Schule wechseln weil es da ein spezielles Zeichenseminar gibt. Nach dem Abi möchte sie einmal Kunst studieren. Sie kann wunderschön malen.

Aber bis dahin ist ja noch viel Zeit. Vielleicht überlegt sie sich ´s auch nochmal anders.«

Cora hatte ihr Handy gezückt und schickte Axel ein Selfie von ihnen beiden mit dem Barhintergrund.

»Er ist wirklich sehr eifersüchtig«, begründete sie und steckte es in die Tasche zurück.

»Hat er denn Grund?«

»Er meint, er hätte. Wenn mir ein Kerl hinterherschaut oder pfeift, kann ich doch nichts dafür.«

Anna konnte sich gut vorstellen, dass die Männer ihr auch heute noch nachschauten.

Corinna war attraktiv. Sie hatte eine sehr weibliche Figur, alle Rundungen da, wo sie hingehörten. Ihr dunkles Haar trug sie in einer stufig geschnittenen Mähne und die braunen Augen waren wach und strahlend.

Davon war wohl auch Maximilian Ramlok angetan.

Er war herübergekommen und setzte sich neben Cora.

Ohne nachzufragen, bestellte er drei Drinks und flüsterte Cora so laut zu, dass es Anna auch verstehen musste: »Ihre Freundin Bella mag mich nicht. Ich beachte sie heute mal gar nicht. Sie gefallen mir auch viel besser. Darf ich hier sitzen bleiben?«

»Es ist eine Bar in einem freien Land. Wenn sie brav bleiben, dürfen sie auch gern den Platz behalten. Uns ist ohnehin gerade der Gesprächsstoff ausgegangen.«

»Da bin ich ja gerade mal noch rechtzeitig erschienen.«

»Wenn meine Freundin Ihnen nicht gefällt, warum verfolgen Sie sie dann überall hin?«

»Da hatte ich *Sie* ja noch nicht gesehen«, flötete er.

»Wunderbar, du kannst ihn gerne haben«, mit diesen Worten rutschte Anna vom Barhocker.

»Ich gehe erstmal für große Mädchen.«

»Du kommst aber wieder!«, versicherte sich Cora ein wenig ängstlich.

»Ich denke - ja.«

Als sie wenig später zurückkehrte, fand sie die beiden übermütig lachend an den Tresen gelehnt. Corinna hatte rote Wangen und sie flirtete ganz offensichtlich. Max flirtete zurück.

»Den bin ich los«, dachte Anna erleichtert. »Corinna wird schon mit ihm fertig werden.«

Die nächsten zwei Stunden verliefen in einer recht angenehmen Atmosphäre. Annabell musste zugeben, dass er ein guter Unterhalter war, witzig und intelligent.

Da er sich überwiegend Cora zuwendete, fühlte sie sich auch nicht mehr bedrängt.

Sie tranken und lachten und die Zeit verging rasch.

»Los chi hon Sknird nelletseb?« Max blickte fragend von einer zur anderen.

Die Freundinnen schauten sich ratlos an: »Was für eine Sprache ist das denn?«, wollte Cora wissen.

»Hafnie sträwkür«, antwortete er lachend. »Einfach rückwärts«, habt Ihr das als Jugendliche nie gemacht?« Er tat erstaunt. »Soll ich noch Drinks bestellen?«

»Erstmal sind wir schon seit ein paar Jahren keine Jugendlichen mehr! Zum anderen ist das so albern, das es einfach peinlich ist!«, erboste sich Anna.

»Ach Bella, seien Sie doch nicht so nüchtern! Ich hab das mit einem Kumpel regelrecht zur Kunst stilisiert. Wir können fast fließend sprechen und die Umgebung rätselt wie Ihr, welche Sprache das sein könnte. Ihr glaubt gar nicht, was wir damit schon alles erlebt haben.«

Er holte gerade tief Luft, um solche Anekdoten zum Besten zu geben.

»Na toll! Das kann nur noch von der Nachricht übertroffen werden, dass in China ein Sack Reis umzukippen droht!« Annabell konnte es nicht fassen.

»Ich für meinen Teil habe genug. Es ist bereits nach eins, wir wollen nach dem Frühstück fahren.«

Corinna schaute etwas traurig ob des unvermittelten Aufbruchs.

»Soll ich dir an der Rezeption einen zweiten Schlüssel besorgen, damit du dann später reinkommst?«

»In zwanzig Minuten bin ich oben, lass solange die Tür angelehnt, bitte.«

Tatsächlich erschien sie nach einer halben Stunde.

Sie fand Annabell im Bett sitzend, die Beine angezogen, die Arme darum geschlungen und den Kopf auf den Knien abgelegt.

»Das ist ja mal eine seltsame Schlafstellung«, lachte Cora.

»Wenn ich mich hinlege, dreht sich das gesamte Zimmer. Ich muss warten, bis das Karussell hält.« Anna stöhnte leidend.

»Halt mir einen Sitzplatz frei, ich komme auch gleich.«

»Ist für mich auch noch ein Platz?«, ertönte Max´ Stimme von der Tür her.

Beide Frauen schrien erschrocken auf und Cora rief entsetzt: »Ich habe doch die Tür zugemacht!«

»Ja, hast du, aber da war ich schon drin. Ich habe die Treppe genommen, als du noch mit dem Barkeeper geflirtet hast.«

»Raus! Aber auf der Stelle!« Annabells Stimme überschlug sich förmlich.

Er war schon dabei, sich seiner Kleidung zu entledigen.

»Du bist wirklich wahnsinnig!«, ließ sich jetzt auch Coras verärgerte Stimme hören.

»Wenn ich verspreche, dass ich ganz brav bin! Nur Kuscheln?«

»Sofort raus! Oder ich rufe die Polizei!«

Anna war vom Bett gesprungen und hatte seine Klamotten gepackt. Mit wenigen Schritten war sie an der Tür und warf sie nach draußen.

So musste er also in Unterwäsche aus dem Zimmer schleichen. Von draußen ließ er noch einen Abschiedsgruß hören:

»Das werdet ihr bereuen, das hat ein Nachspiel!«

Die Freundinnen eilten ins Bett – Cora sogar ohne Zähne zu putzen - sie zogen die Decken bis zum Kinn und zitterten vor Angst und vor Wut.

»Das hätte ich nicht gedacht«, meinte Cora kleinlaut. »Er war so umgänglich und galant.

Entschuldige, ich hatte geglaubt, du übertreibst.«

»So habe ich ihn auch noch nicht erlebt. Das war echt die Krönung!«

»An Schlafen ist jetzt sicher nicht zu denken«, sagten beide fast wie aus einem Mund.

»Wie lange stalkt er dich denn schon?«

»Also, das fing ungefähr vor acht Monaten an. Kurz, nachdem ich aus dem Krankenhaus kam – beziehungsweise von der REHA. Ich habe mir schon total den Kopf zerbrochen, woher er meine Termine erfahren konnte. Auch weiß er meist, in welchen Hotels ich absteige.

Er bleibt immer auf Distanz. Aber allein seine Anwesenheit und natürlich seine verbalen Attacken setzen mir mächtig zu.«

»Der Polizei das zu melden bringt auch nichts. Die werden nicht tätig, wenn er nichts *tut.«*

»Aber darauf wollte ich eigentlich nicht warten.«

Anfangs flüsterten die beiden mit ängstlichen Stimmen.

Dann meinte Anna resolut: »Ich denke, der hat erstmal genug. Der kommt heute nicht mehr wieder.

Denkst du immer noch, ich übertreibe, wenn ich vor ihm Panik bekomme?

Schließlich bin ich vorgeschädigt. Du weißt von meinem *früheren Leben*?

Ich hab Rainer relativ rasch geheiratet, um einen neuen Nachnamen zu bekommen. Ich hatte solche Angst, Dieter würde mich finden.«

»Ich kann mich erinnern, dass du mal darüber gesprochen hattest, dass du mit einem extrem eifersüchtigen Mann zusammengelebt hast, der dir ständig nach spionierte.

Bist du dem mal wieder begegnet?«

»Er hat mich zweimal gefunden bevor ich verheiratet war. Er gab mir die himmelbesten Worte, dass er sich ändern würde, er könne ohne mich nicht leben.

Zum Glück ist mir der Persönlichkeitswechsel gut gelungen, ich hatte dann auch gleich als Lehrerin aufgehört und mit dem Coaching begonnen.«

Die Erinnerung ließ sie leicht seufzen.

Anna hatte sich wieder im Bett aufgesetzt und umfasste ihre angezogenen Knie mit beiden Armen.

»Weißt du, manchmal komme ich mir auch so vor, als lebe ich gar nicht mein eigenes Leben.

Dann stehe ich neben mir und schau mir zu.

Mit Rainer war ich glücklich. Er war so liebevoll und seine breite Schulter war immer für mich da. Wir waren in den achtzehn Jahren sehr harmonisch miteinander, also von mir kann ich das absolut sagen. Und dann der Unfall! Alles war vorbei – von heute auf morgen.

Sein Leben zu Ende, mein Leben zerstört.

In der REHA habe ich oft gegrübelt, wozu ich denn noch weiterleben sollte.

Der Besuch meiner Schwester und Nachbars Paul, auch Rainers Mahnung *von oben* haben mich dann noch einmal bewogen, einen neuen Versuch zu starten.«

»Den hast du aber wirklich gut hin bekommen. Wenn dich ein Außenstehender beobachtet, schaut er neidisch auf deine Ausstrahlung.

Du wirkst selbstbewusst und selbstsicher. Völlig mit dir im Reinen. Gib der Zeit die Chance, deine letzten Zweifel noch auszuräumen.«

»Mit dem Selbstbewusstsein ist das so eine Sache. Das ist noch sehr eingeschränkt wegen meiner körperlichen Mängel und Defekte. Ich war früher immer sehr eitel.«

»Was meinst du mit körperlichen Mängeln? Du bist eine attraktive Frau, immer schon und noch. Und der Gewichtsverlust hat dir auf keinen Fall geschadet, im Gegenteil.«

»Na ja, du siehst nur, was du sehen kannst. Aber genau das Abnehmen hat mir Riesenprobleme gebracht.« Anna zog ihre Männerschlafanzugjacke aus und schlug die Bettdecke zurück. »Schau dir meine Oberarme, Oberschenkel und den Bauch an. Überall, wo das Fett weg ist, sind jetzt leere Hautlappen, die furchtbar unästhetisch aussehen.

Ich trage deshalb nur langärmelige Sachen, sogar Badeanzüge – sogenannte *Muslime* Badeanzüge, um das alles zu verdecken.«

Erstaunt und auch ein wenig entsetzt tröstete Corinna: »Aber davon sieht man überhaupt nichts. Du kannst das wirklich gut kaschieren und siehst echt chic aus. Du nimmst ja auch rege am täglichen Leben teil und lässt dir nichts anmerken. Du machst das genau richtig. Mit der Zeit kannst du bestimmt auch lockerer damit umgehen.«

»Ja die Zeit. Ich fülle meine Tage mit so vielen Aktivitäten aus, um keine Zweifel aufkommen zu lassen und nicht nachdenken zu müssen.«

»Es gelingt dir, ich sehe und spüre es ja in deiner Nähe.«

Cora hatte ihr Handy vom Nachttisch genommen und schickte ein Selfie von ihnen beiden (Anne wieder in Rainers Schlafanzug gekleidet) an Axel. »Das ist meine Art, ihn bei Laune zu halten. Und glaub bloß nicht, dass mir das immer Freude macht. Es mindert nur meine Probleme mit *seinen* Eifersuchtsattacken.«

»So schlimm ist es?«, wollte Anna jetzt erstaunt wissen.

»Es ist meine eigene Schuld. Ich bin nicht ohne«, stöhnte sie.

Cora hatte sich inzwischen auch neben Anna gesetzt.

»Anna, ich bin sexsüchtig – vom Psychologen bestätigt. Wenn du wüsstest!

Axel weiß es und er kann damit umgehen – sagt er. Na ja, mehr schlecht als recht.

Ich will dir keine Einzelheiten schildern, das erspare ich uns. Aber glaub mir, das ist für alle Betroffenen nicht leicht. Hypersexualität ist natürlich in der Gesellschaft ein Tabu.

Bei Männern gilt es eventuell noch als Kavaliersdelikt, aber wenn eine Frau nymphomanisch veranlagt ist, dann ist das unverzeihlich.

Es ist nicht so, dass ich jeden Kerl anfalle, der mir gefällt, aber ich kann sehr schwer *nein*

sagen. Ich liebe jedes Sex-Spiel und möchte alles ausprobieren. Ich weiß, dass du Oralsex nicht magst, aber mir macht das nichts aus, ich bin für alles offen, sogar Sado-Maso. Inzwischen bin ich tatsächlich auch ruhiger geworden und bessere mich.«

Anna hatte es die Sprache verschlagen. Ja, es gab dieses Gerücht von früher. Aber sie hatte es nicht gewichtet. Corinna war eine gute Freundin. Es war ihre Privatsache.

»Hör zu, es ist deine Privatsache. Ich verurteile dich deshalb nicht, das steht mir nicht zu.

Woher willst du übrigens wissen, dass ich Oralsex nicht mag?«

»Das hast Du wohl mal irgendwann erwähnt«, wiegelte Cora verlegen ab.

»Ich hab das alles nur gestanden, weil wir gerade bei den Lebensbeichten sind. Ich wollte damit auch eine Erklärung liefen, warum ich mit dem Max geflirtet habe.«

»Zerbrich dir jetzt nicht weiter den Kopf. Wenn wir morgen ganz früh fahren, können wir ihm vielleicht aus dem Weg gehen«, damit legte sich Annabell ins Kissen zurück.

»Lass uns jetzt schlafen.«

Annabell lag noch eine Weile wach. Sie konnte sich nicht erklären, wann sie Cora gegenüber diese Tatsache erwähnt hätte. Anna war prüde, sie sprach mit niemandem über sexuelle Praktiken oder Bedürfnisse. Ganz nach der Aussage des jungen Fräuleins, die gestand:

»Also, wenn mein Verlobter wüsste, dass ich einen Po habe, ich würde mich zu Tode schämen.«

Offenbar bemerkte Corinna, dass auch Annabell noch nicht schlafen konnte.

Vorsichtig fragte sie nach: »Wegen deiner – wie du meinst - unansehnlichen körperlichen Mängel würdest du wohl auch nicht wieder mit einem Mann intim werden wollen? Das könnte ich nicht, ich meine so lange enthaltsam.«

Es kam keine Antwort, da Anna überlegte, wie sie die Ausweitung dieses Themas vermeiden könnte. Andererseits hatte sie auch ein seltsames Bedürfnis, darüber zu reden. Sie hatte sich diesbezüglich noch Niemandem anvertraut.

»Bist du sauer, wenn ich das frage? Du musst nicht antworten, wenn du nicht willst.«

»Nein, ich weiß nur nicht, wie ich antworten soll. Gewöhnlich vermeide ich, mich hier zu öffnen. Es ist – und war - auch mit mir nicht einfach. Aber gerade im krassen Gegensatz zu dir. Mir hat Sex noch nie etwas bedeutet. Liebe, Zärtlichkeiten, das ja, unbedingt.

Ich genoss stets das Vorspiel und das Nachher. Zusammengekuschelt liegen und den anderen so nahe spüren.«

Cora erkannte entsetzt, dass in Annas Stimme Tränen waren.

»Oh verdammt, ich vermisse ihn so sehr! Ich habe mich Rainer nie verweigert. Nicht etwa vorgespielte Migräne oder solche Ausreden. Einige wenige Male war ich auch aktiv. Ich weiß, für ihn viel zu selten.

Für mich war das Schönste am Sex die Gewissheit, jetzt wieder für zehn, zwölf Tage Ruhe zu haben. Ich weiß, das klingt schrecklich, ich habe ihm das natürlich nie gesagt!«

»Das klingt völlig absurd in meinen Ohren. Du bist ein Zombie.«

»Ja klar, nach deinen Maßstäben. Wahrscheinlich liegt das an meiner Erziehung.

Meine Mutter war ein ziemlich *loser Vogel,* und ich hörte oft, wie die Leute schlecht über sie sprachen. Aus Bemerkungen meines Schwagers habe ich herausgehört, dass auch meine Schwester ziemlich zurückhaltend sein muss. Sicherlich hat uns ein abschreckendes Beispiel geprägt. Mit Rainer hatte ich mich gut arrangiert – oder er mit mir. Wir fühlten uns mit unserer sexuellen Zeiteinteilung recht wohl. Ich hoffe zumindest, dass es ihm auch so ging.

Nein, ich werde nichts wieder mit einem Mann anfangen.

Zum ersten aus den eben erwähnten Gründen und zum zweiten werde ich auf keinen treffen, der Rainer auch nur annähernd das Wasser reichen kann.«

Annabell war mit ihren Ausführungen weit über ihren Schatten gesprungen.

Cora fühlte das und schwieg.

Nach einer ganzen Weile meldete sich Anna wieder: »Jetzt hat´s dir die Sprache verschlagen, oder?«

»So was hab ich noch nie gehört. Ich kann mir das auch überhaupt nicht vorstellen. Aber offenbar fehlt dir nichts und hat dir nie gefehlt?«

»So ist es. Ich bitte dich nur: das war wirklich sehr, sehr vertraulich!«

»Keine Bange. Das behalte ich für mich. Ich hab dir schließlich auch schon mein Dilemma gebeichtet, unter der gleichen Prämisse.«

»Mann oh Mann – was für eine Nacht!«, stöhnte Annabell. »Lass uns jetzt versuchen, zu schlafen.«

Bevor sie einschlafen konnte, kamen Annabell doch noch so viele Erinnerungen in den Sinn.

Corinna war in ihren Bekanntenkreisen als mannstoll bekannt, wenn nicht berüchtigt.

Sie erinnerte sich an Bemerkungen wie: »Unser aller Cora« oder »jetzt kommt unsere Sonne«; ein Ausspruch, den sie zuerst nicht deuten konnte. Unter einer gemeinsamen Dusche im Internat entdeckte Anna auf Corinnas Schamhügel eine tätowierte Sonne; da ging ihr das Licht auf.

Sie hatte dieses Sexualverhalten nie verstehen können. Und wahrscheinlich ging es Cora mit ihr ebenso.

XAM

Das Telefon läutete schon wieder. Wenn sie nicht abnahm, würde es sich in einer Stunde wieder melden. Und wenn sie vor ihm flüchten würde, einfach das Haus verlassen?

Sie hatte Angst vor diesen Telefonaten.

Es würde so lange klingeln, bis sie sich meldete.

Ohne auf das Display zu schauen, wusste sie, dass es Axel war.

Er rief täglich an, um sich wieder und wieder die Auskunft zu holen, dass sie nichts Neues wusste.

Nur, weil sich Annabell eine Teilschuld am Geschehen gab, blieb sie ihm gegenüber gesprächsbereit.

Mit schwitzigen Händen nahm sie den Hörer ab. Keine Zeitverschwendung mit Begrüßungen.

»Der Inspektor Becker möchte mit einer Profilerin nochmal zu dir kommen, wann geht das?«

»Axel, ich hab ihm doch bereits alles gesagt, was ich weiß. Es gibt nichts Neues aus meiner Sicht.«

»Trotzdem. Vielleicht hattest du unbewusst etwas übersehen. Es geht um kleinste Details. Ich würde auch gern mitkommen, wenn das möglich ist?«

»Wann?«

»Sag du einen Tag.«

»Warte einen Moment«, Anna ging in ihr Büro. Am Spiegel vorbeikommend, betrachtete sie kurz ihr verängstigtes Gesicht, ihren unsteten Blick, rote Flecken an ihrem Hals, die ihre Aufregung verrieten. Sie stellte sich vor ihren Kalender. »Am Mittwochvormittag bin ich zu Hause. Von mir aus könnt ihr dann kommen.«

»So gegen zehn Uhr, denke ich.«

»Gut, geht in Ordnung.«

Ob sie nun wollte oder nicht – und eigentlich wollte sie nicht. Was sollte es nutzen, wenn sie es aufschob? Das Problem würde bleiben. Sie wollte auch helfen, es aufzuklären. Wie konnte sie dazu nur beitragen?

Als ob sie sich nicht immer und immer wieder den Kopf darüber zerbrochen hätte.

Hatte sie eine Teilschuld? Alles wäre anders verlaufen, hätte sie Corinna nicht überredet, mit ihr nach Stuttgart zu fahren. Hätte sie nicht angeregt, noch einen Tag länger bei ihr zu bleiben. Hätte…

Nein, eine Verkettung unglücklicher Zufälle. Zur falschen Zeit am falschen Ort.

Bis übermorgen würde sie sich aber weiter das Hirn zermartern – sicher wieder ohne Ergebnis.

Das Telefon klingelte erneut. Mit einem ängstlichen Seitenblick erkannte sie die Nummer ihrer Nachbarin.

»Hallo Anna, hast du heute Abend Lust auf einen Prosecco? Ich bin allein, muss aber zu Haus bleiben, weil ich einen Anruf von Helfried erwarte.«

»Ja, ich komme gern«, war die erleichterte Antwort von Annabell. »Ich habe auch viel zu erzählen, möchte dazu auch deinen Rat.«

»Prima, dann gegen 19 Uhr?«

»Ich bring einen Salat mit, ich probiere ein neues Rezept aus.«

»Ich freu´ mich.«

»Ich auch.«

Annabell freute sich ehrlich auf das bevorstehende Treffen mit Sandra. Das war willkommene Ablenkung. Außerdem hatte sie vor, mit ihr die gesamte Geschichte – von

Anfang an –durchzusprechen, eventuell hatte sie einen hilfreichen Gedanken.

Paul öffnete die Tür. Kurz angebunden knurrte er: »Tach auch, meine Mutter ist im Wintergarten.«

»Du Paul, entschuldige. Ich konnte mich noch nicht melden, ich hab wahnsinnig große Probleme. Ich vergesse dich nicht, sei nicht sauer, o.k.?«

»Schon gut. Die Erwachsenen haben immer was Wichtiges. Da sind wir im Wege. Schon o.k.«

In diesem Moment sah er das Glitzern in Annabells Augen.

Er schaute sie betreten an: »Entschuldigung!« und verschwand schnell ins obere Stockwerk.

Sandra war ihr mit der Sektflasche in der Hand ein Stück entgegengekommen:

»Na, hat dir Paul schon die Leviten gelesen? Er war richtig angepisst, dass du keine Zeit für ihn hattest. Aber du kennst ihn ja. Für Paul ist die wichtigste Person Paul.« Sie zuckte entschuldigend

mit den Achseln.

»Lass gut sein. Ich liebe diesen Kerl. Hoffentlich habe ich bald wieder Zeit.«

»Komm in den Wintergarten. Mit einem Schluck Alkohol ist alles leichter zu ertragen.

Und erzähl! Du hattest ja laufend Besuch. Es ist nicht so, dass wir neugierig sind, aber man sieht halt von uns aus, wer bei dir kommt und geht, ohne dass wir uns extra hinter die Scheibe setzen.«

»Ach sei still. Natürlich sitzt ihr ständig hinter der Scheibe. Aber ich kläre dich auf.

Am Dienstag kam total unverhofft eine frühere Kollegin und gute Freundin, die seit bestimmt schon zwanzig Jahren in Rostock lebt. Ich hatte sie überredet, mich zu meiner Buchlesung nach Stuttgart zu begleiten. Die hätte ich sogar verschusselt, wenn Corinna nicht zufällig den Termin auf meinem Kalender entdeckt hätte.«

»Das hatte Paul berichtet, dass ihr ziemlich überstürzt weggefahren seid.«

»In Stuttgart haben wir übernachtet, sind dann am Mittwoch gegen Mittag hier gewesen, um uns noch einen gemütlichen Tag zu machen. Am Donnerstag nach dem Frühstück ist Cora dann weiter gefahren aber nirgends angekommen. Das war es aber auch schon. Wieso also: *viel Besuch* ?«

»Ich dachte mir gleich, dass du mir **das** nicht verraten wirst. Wer war der gutaussehende Herr, der am Mittwochabend gekommen war?«

»Da kam keiner, leider.« Plötzlich wurde Annabell ganz komisch zumute. Eine Ahnung…

»Moment, wen hast du gesehen, wann?«

»Ich nicht. Hello hat erwähnt, dass ein gutaussehender Mann mit dem Auto vor unserem Tor anhielt. Er zeigte auf dein Buch, das er in der Hand hatte und fragte Hello, ob du hier in der Nähe wohnen würdest und zu Hause seist. Helfried meinte nur, er hätte ihm dein Haus gezeigt und gesagt, dass er eben klingeln müsse. Hello ist danach ins Haus gegangen und hat nicht weiter auf deinen Besucher geachtet. Wir sind doch nicht wirklich neugierig!«

»Nein, natürlich nicht. Scherz beiseite. Wann war denn das?«

»Am Mittwoch. Warte…«, Sandra überlegte kurz. »So gegen 17 Uhr.«

»Verdammt! Das muss der Trottel gewesen sein! Geklingelt hat niemand. Hat Helfried eventuell eine Autonummer oder so?«

»Hat er mir nicht gesagt. Du kannst ihn aber fragen, wenn er nachher anruft. Er sagte nur: *aus dem Saarland.«*

Sandra wunderte sich, dass Annabell mit einem mal so konsterniert dreinblickte.

»Ist was nicht in Ordnung?«, wollte sie deshalb besorgt wissen.

»Ich hatte dir ja schon angedeutet, dass ich deinen Rat brauche. Hör dir die Geschichte erstmal an.«

»Gute Naacht! Ich mach mich vom Acker!«, kam Pauls Stimme von oben.

»Zähne geputzt?«

»Na klar doch!«

»Dann schlaf gut!«, riefen die beiden Frauen wie aus einem Munde.

Dann berichtete Annabell ausführlich von allen Begegnungen mit ihrem Stalker.

Sandras Augen wurden vor Erstaunen oder Entsetzen immer größer.

»Davon hast du nie erzählt. Du bist Autorin, man könnte denken, du hast dir das alles ausgedacht.«

»Denkst du das?«

»Nein, nicht wirklich. So gut kenne ich dich ja. Wie geht das jetzt weiter?«

»Übermorgen kommen erst noch einmal die Polizisten, mit denen ich am Samstag telefoniert habe.

Wir wollen jedes Detail nochmal durchgehen, vielleicht haben wir etwas übersehen.«

»Und ihr meint, dieser Saarländer hat etwas mit Corinnas Verschwinden zu tun? Hello sagt, es sei ein sehr netter Herr gewesen.«

»Selbst wenn man ihn näher kennenlernt, ist er zwanghaft sympathisch. Kein Wunder, dass er Cora imponierte. Ob er allerdings mit ihrem Verschwinden zu tun hat…? Keine Ahnung. Es ist eine Vermutung.«

»Wenn du irgendwie unsere Hilfe brauchst, oder Helfrieds Aussage… Du weißt, wo du uns findest.

Übrigens, der ruft jetzt nicht mehr an, es ist schon bald zwölf. Wer weiß, wo **der** sich nun gerade ´rumtreibt.«

Nachdem sie den Rest der zweiten Sektflasche auf die Gläser verteilt hatte, schaute sie Annabell herausfordernd an:

»Du musst mir noch in groben Zügen den Inhalt deines zweiten Bandes erzählen. Meine Kolleginnen löchern mich regelmäßig und ich will doch den Verkauf deiner Bücher puschen.«

Also erzählte Anna, wie Miranda nach dem plötzlichen Tod ihres Vaters nach Europa zurückgeschickt wurde.

»Du weißt ja, dass er Professor der Ethnologie war und Miranda in den Amazonas Urwald mitgenommen hatte, nachdem sie mit fünf Jahren Halbweise geworden war. Sie ist jetzt zwölf und kommt mit der Kultur und der Sprache in Europa überhaupt nicht zurecht.

Sie lebt bei ihrer Großmutter in Berlin. Ausgerechnet in dieser riesengroßen Stadt. Gestern Urwald – heute Großstadt.«

»Wann hast du deine nächste Lesung?«

»Am Freitag, hier ganz in der Nähe – in Neustadt.«

»Das ist prima, da schicke ich meine Kolleginnen alle hin. Ich würde selbst auch gern mitkommen, und Paul sicher auch, wenn´s dir recht ist?«

»Ach, das wäre schön. Ich kann jede Art von Ablenkung und Unterstützung gebrauchen.

Jetzt gehe ich aber ´rüber, der Alkohol wirkt einschläfernd, und ich hab ja auch paar Nächte nicht richtig geschlafen.«

Sie umarmten sich an der Tür.

»Du hältst mich auf dem Laufenden!«

»Natürlich. Sicher will die Polizei am Mittwoch mit Helfried sprechen. …Ach so, die kommen am Vormittag.«

»Hello kommt erst morgen Abend zurück und hat am Mittwoch und Donnerstag frei. Da passt das schon.«

»Also, bis denne.«

»Schlaf gut heute!«

Annabell schlief am Dienstagmorgen lange. Sie war vom Klingeln der Türglocke wachgeworden. Zerstreut dachte sie:

»Ist das schon Axel mit den Polizisten? Ach nein, die kommen ja erst morgen. Ich bin völlig neben der Kappe.«

Ohne sich um ihr Outfit zu kümmern, öffnete sie im Schlafanzug die Tür.

Die Postbotin stammelte erschrocken: »Oh, Entschuldigung. Ich habe nur… Der Briefkasten ist voll, ich krieg nichts mehr rein.«

»Danke. Ich hab heute total verschlafen, bin noch gar nicht richtig da.«

Sie ging mit dem Briefkastenschlüssel hinter der Post Frau her, um den Kasten zu leeren. Frau Olmer hatte ihr die heutige Post in die Hand gedrückt.

Auf der Straße ging eine Kindergartengruppe vorbei, die alle amüsiert kicherten, als sie Anna im Herrenschlafanzug entdeckten. Sie winkte ihnen lachend zu und schüttelte über sich selbst den Kopf.

»Wenn ich nicht aufpasse, werde ich schrullig«, dachte sie.

Sie bereitete sich ein üppiges Frühstück. Erst, als sie den ersten Schluck Kaffee getrunken hatte, öffnete sie die Briefe. Termine. Anfragen ihre Bücher betreffend waren dabei und jede Menge Fanpost.

Zuerst aber las sie den Brief aus Australien, den ihre Schwester Melitta geschickt hatte.

Sie erklärte, dass sie auf Safari sei und das Internet nicht zur Verfügung hätte.

Sie würde zurzeit mit ihrem Mann gemeinsam viele Touren erkunden, die sie dann ihren Pensionsgästen anbieten konnten.

Bei diesen Touren waren sie zwei Radfahrern begegnet, die mit massenhaftem Gepäck unterwegs waren. Dreckige Räder, dreckige Füße und Vollbärte. Deutsche, aus Saalfeld. Axel Brümmer und Peter Glöckner. Sie radeln schon seit vielen Jahren um die Welt. Im Gespräch ergab sich, dass Annabell sie kennt. Anna hatte sie einmal interviewt, als sie Infos über die Urwaldvölker im Amazonas recherchierte. So klein ist die Welt!

Ob Anna denn nun schon wüsste, wann sie einreisen würde.

»Wir könnten Dich hier an allen Ecken brauchen, sind auch schon ganz schön weit im Umbauen vorangekommen. **Deine** Wohnung ist auf jeden Fall schon fertig.

Melde Dich ruhig wieder per mail oder skype, wir sind dann auch wieder zu Hause.«

Nachdenklich legte Anna den Brief zur Seite. An ihre Auswanderungspläne hatte sie lange nicht mehr gedacht, obwohl sie schon vieles vorbereitet und organisiert hatte.

Würde sie denn überhaupt jetzt wegkönnen, bis alles geklärt ist?

Und wie würde es sich klären? Und wann?

Nun war sie wieder in diesem entsetzlichen Teufelskreis gefangen. Angst stieg ihr die Kehle hinauf.

Und das sollte gleich noch schlimmer werden.

In Gedanken hatte sie sich ihrer Fanpost zugewandt.

Da lag obenauf ein Briefumschlag, auf dessen Vorderseite nur die Anschrift von *Bella Ahrend* und auf der Rückseite *Xam* stand.

Mit bösen Vorahnungen riss sie den Brief auf:

Liebste, bezauberndste Bella,

Ich glaube, Du bist nicht einmal traurig, wenn ich Dir mitteile, dass ich leider das Interesse an Dir verloren habe. Ich habe jetzt einen süßen Ersatz.

Es hätte wunderbar mit uns werden können, aber es sollte nicht sein.

Such nicht nach mir. Für Dich bin ich verloren.

In Verehrung Xam

Natürlich kein Absender und Computerschrift.

Sie hatte die Fäuste geballt und einen Kloß im Hals. Ihr war gerade eingefallen, was sie boshafter Weise in Stuttgart gedacht hatte: »Sie kann ihn ruhig haben.« Und wie froh sie war, dass er sich nicht mehr um sie kümmerte.

Das war sehr egoistisch.

Was ist nur passiert? Wie hätte er sie denn verfolgen können? Corinna war doch bis zum Donnerstag früh bei ihr zu Hause.

Die übrige Post interessierte sie nicht mehr. Sie konnte sich nicht konzentrieren.

»Ach was, Corinnas Verschwinden muss doch gar nichts mit Maximilian Ramlok zu tun haben. Sicher klärt sich alles ganz logisch auf.«

Sie wusste selbst, dass dies nur Wunschdenken war.

Aber in ihrem Kopf war eine unüberwindbare Barriere, die logischen Gedanken den Zugang zur Vernunft unmöglich machten. Sie war jetzt seit fünf Tagen verschwunden.

»Ich denke jetzt über ganz was anderes nach«, befahl sie ihrem Gehirn. » Was muss ich unbedingt noch für den Computer vorbereiten, das nach Australien mitgenommen werden soll? Wann soll ich das Flugticket besorgen…?«

Gut gedacht, aber nicht durchführbar.

Ganz von allein bewegten sich ihre Vorstellungen wieder und wieder auf Corinna zu.

Was macht sie gerade durch? Warum meldet sie sich nicht? Sie **kann** sich nicht melden, ganz offensichtlich! Ach was, nur der Akku vom Handy ist leer. Unfug, es gibt öffentliche Telefone.

Annabell zog sich gedankenverloren an, nahm ihre Walking – Stöcke und die Kopfhörer und ging nach draußen.

Paul kam mit seinen Inlinern aus dem Hof geschossen und konnte mit Mühe einen Zusammenstoß vermeiden.

»Schon wieder Schulstunden ausgefallen!«, rief er ihr fröhlich zu. »Kann ich mit Ihnen mitgehen? Da könnten wir vielleicht englisch üben?«

»Prima, du hast mir wirklich gefehlt!«

Skeptisch und halb beleidigt schaute er seine Nachbarin an.

»Nein, ich mein es ehrlich. Ich kann Abwechslung jetzt richtig gut gebrauchen.«

Zwei volle Stunden waren sie unterwegs. Hatten mit ihrem unvollkommenen Englisch interessante Themen besprochen und viel Spaß gehabt.

Nicht ein einziges Mal hatte Anna an Cora denken müssen.

Das änderte sich aber schlagartig, als sie den Fuß wieder über ihre Schwelle setzte.

Ihre Gedanken waren fremdgesteuert. Sie hatte darauf keinen Zugriff.

Jetzt ließ sie es einfach zu. Sie konnte es eh nicht ändern.

Anna hatte sich eine Badewanne volllaufen lassen, viel Duft und viel Schaum dazugegeben und war nach wenigen Minuten eingeschlafen.

Sie erwachte erschrocken, als Max sie gerade beide im Hotelbett gefesselt hatte und zu ihr sagte: »Du hast gesagt, du liebst Sado Maso, jetzt jammere also nicht herum.«

Sie fühlte sich tatsächlich auch körperlich sehr unwohl, bis sie erkannte, dass dies hauptsächlich an dem kalt gewordenen Wasser lag. Und dieser Traum! »Brrr«

Sie stieg aus der Wanne und stellte sich kurzerhand unter die heiße Dusche.

Jetzt ging es ihr besser. Trotzdem sagte sie im Line-Dance-Club ab, nach Tanzen war ihr nicht.

Eigentlich war Annabell mittlerweile ganz froh, dass die Polizei morgen nochmal kam. Sicher würde etwas mehr Klarheit, oder wenigstens Struktur in die Angelegenheit kommen.

Sie stocherte dermaßen im Nebel, das war absolut nicht zielführend.

»Irgendetwas muss ich tun, um mich abzulenken. Mir fällt nichts ein. Schreiben kann ich auf keinen Fall. Ich krieg die Gedanken nicht geordnet.« Sie kam sich vor, wie ein Dampfkessel mit Überdruck.

Das Auswanderungsprojekt! Vor längerer Zeit hatte Melli sie gebeten, ihre gesammelten Rezepte zu ordnen und zusammenzupacken. Sie wollten in ihrer Ferienpension für ihre Gäste viele Dinge selbst kochen und backen. Sie hatten beide Spaß daran.

Anna suchte ihre Ordner und Schachteln mit diversen Rezepten zusammen.

Systematisch gliederte sie zuerst grob nach *Kochen* und *Backen.* Sie war selbst erstaunt, wie viele leckere Beschreibungen sich da angesammelt hatten.

Und plötzlich hatte sie eine neue Idee. Sie ließ das Chaos auf dem Tisch liegen und konzentrierte sich auf ein Rezept, das sie lange nicht gekocht hatte.

Der Flammkuchen mit Speck und Zwiebeln duftete lecker und war gut gelungen.

Sie rief Paul an und bat ihn, kurz zu ihr herüber zu kommen, um ihm die Hälfte für seine Mutter und ihn mitzugeben.

Sie selbst saß gerade mit einem Glas Wein, dem warmem Kuchen und einer Fernsehschnulze im Wohnzimmer, als das Telefon läutete.

»Hm, lecker, danke!«, muffelte Sandra mit vollem Mund. »Kannste öfters machen!«

»Freut mich, lasst ´s euch schmecken!«

Annabell ging früh zu Bett, konnte aber natürlich nicht schlafen.

Im Schein der Straßenlaterne sah sie die Äste und die Blätter der großen Kastanie vor ihrem Fenster im Wind wehen. Es war gespenstig, doch lag sie sicher und geborgen in einem warmen Bett. Was wird Corinna gerade machen? Liegt sie womöglich irgendwo verletzt in freier Natur? Lebt sie hoffentlich noch? »Corinna, melde dich doch nur!«, bat sie inständig.

Alle Momente ihres Zusammenseins erschienen wieder vor ihrem geistigen Auge. Wie sie gelacht und getanzt hatten. Auch die ängstliche Situation, als Max plötzlich in ihrem Hotelzimmer auftauchte.

Natürlich drängte auch immer wieder ihre Äußerung: *Du kannst ihn gerne haben*, in ihr Bewusstsein zurück. Das war fies.

Annabell stierte weiter aus dem Fenster. Sie hoffte verzweifelt auf eine Eingebung, auf einen alles erhellenden Gedanken. Er kam nicht, aber schließlich übermannte sie der Schlaf.

Überraschend gut ausgeschlafen spulte sie ihr Morgenprogramm wie gewöhnlich ab.

Nach dem Frühstück wurde sie dann doch nervös, weil sich die Ermittler für Vormittag angekündigt hatten. Es war keine exakte Uhrzeit ausgemacht worden.

Ihr Gedanke war eben zu Ende gedacht, als die Türglocke läutete.

Mit Herzklopfen öffnete sie die Tür. Helfried stand davor.

»Ich wollte dir nur Bescheid geben, dass ich bis vierzehn Uhr zu Hause bin. Wenn du mich also brauchst…«

Er war gerade wieder gegangen, als das Polizeiauto vor fuhr.

Sie wartete auf dem Treppenabsatz.

Keine Umarmung von Axel. Er sah aus, als wäre alles Leben aus ihm gewichen.

Seine glanzlosen Augen lagen tief in ihren Höhlen, die Wangen waren abgezehrt und dadurch erschien seine Nase unnatürlich spitz.

Annabell bat die drei in ihr Haus und führte sie ins Wohnzimmer.

Polizeikommissar Becker war ihr vom Telefon bekannt. Sie hatte ihn sich völlig anders vorgestellt.

Der Stimme nach war er ein resoluter, athletischer Mann von stattlicher Größe.

Er war resolut, aber das verpackte er in einem schmächtigen Körper.

Annabell schätzte ihn auf hohe fünfzig.

Die ihn begleitende Kommissarin Wendland war eine sehr junge, sehr schlanke Frau, die gerade einem Modemagazin entsprungen zu sein schien. Sie passte so gar nicht zu ihrem Kollegen.

Fast synchron setzten sich beide auf die angebotenen Stühle und nahmen ihre Tablet-PCs heraus.

Fast synchron begannen beide das Gespräch mit: »Gehen wir doch alles noch einmal von Anfang an durch.«

Frau Wendland verstummte und Herr Becker fuhr fort: »Bitte, Frau Ahrend, lassen Sie uns von allem Anfang noch einmal alles miteinander nachvollziehen. Wir hoffen, die eine oder andere Erkenntnis dazu zu gewinnen.«

»Bestimmt hast du etwas übersehen oder vergessen! Es war auch eine so blöde Idee von dir, Cora mit nach Stuttgart zu locken und dann noch weiter bei dir zu behalten.

Hättest du sie einfach wieder zurückfahren lassen, dann hätte sie deinen blöden Stalker erst gar nicht kennen gelernt!«

Axels Augen sprühten Gift, als er diese Schimpftirade losließ.

Annabell fühlte sich massiv angegriffen: »Denkst du nicht, Corinna ist selbst erwachsen und kann deine ständige Bevormundung vielleicht entbehren? Alle paar Minuten schickt sie dir ein Foto oder einen Text, damit du sie nur ja lückenlos unter Kontrolle haben kannst!«

»Wir wollten doch ganz sachlich bleiben«, mischte sich Herr Becker sofort ein. »Herr Kogler, ich würde Sie bitten, Frau Ahrend noch einmal alles in Ruhe schildern zu lassen. Bitte…«

Mit einem Handzeichen zu Annabell signalisierte er, dass sie ihr jetzt zuhören würden.

Anna schilderte Corinnas Besuch von Anfang an in allen Einzelheiten. Die beiden Beamten stellten nur wenige Zwischenfragen, verfolgten aber alles in ihren Aufzeichnungen.

Axel war an der Stelle dazwischen geplatzt, als sie schilderte, wie Maximilian Ramlok plötzlich in ihrem Hotelzimmer auftauchte: »Nur gut, dass du dabei warst, Cora hätte ihn nicht rausgeschmissen!«, geiferte er boshaft.

Als Annabell geendet hatte, stellte Frau Wendland die Frage, die Anna schon seit langer Zeit quälte:

»Woher kennt der Maximilian Ramlok alle Ihre Termine?«

»Das ist mir völlig unerklärlich. Er wusste ja nicht nur die Termine, er hatte auch die Hotels in Erfahrung gebracht.

So lückenlos und ausführlich habe ich mit niemandem darüber geredet.«

»Außer mit ihrem Computer?«, warf die Kommissarin gedankenverloren ein.

»Außer mit meinem Computer«, bestätigte Annabell.

»Natürlich, alle Terminbestätigungen und Anfragen mache ich online. Ist er ein Hacker?«

»Davon müssen wir wohl ausgehen. Das hilft uns aber nicht wirklich weiter. Es ist ja auch überhaupt nicht gesagt, dass er etwas mit dem Verschwinden von Frau Kogler zu tun hat. Es gibt keine Bekennerschreiben oder Lösegeldforderungen. Sie kann ebenso gut auch irgendwo verunglückt sein.«

Jetzt war es aber an Anna, Fragen zu stellen.

»Ich habe immer noch nicht erfasst, wie Sie denn überhaupt Corinnas Verschwinden entdeckt und auch ernst genommen haben?«

Die Kommissare sahen sich an. Nach offensichtlichem Einvernehmen fand sich Herr Becker zu einer Antwort bereit:

»Herr Kogler hatte am Freitagabend von unterwegs aus bei der Polizei eine Vermisstenanzeige aufgegeben, nachdem seine Frau nicht bei ihrer Tochter erschienen war und auch in der ehelichen Wohnung nicht ans Telefon ging. Er hatte die Nachbarin gebeten, im Haus nachzuschauen, aber da war niemand, auch keine abgestellten Koffer oder so.

Auch und vor allem die fehlenden SMS und Fotos, die sie beide bereits angesprochen hatten, stießen merkwürdig auf. Noch nie hatte sich seine Frau über einen so langen Zeitraum nicht gemeldet.

Das Auto von Frau Kogler wurde inzwischen an der Tankstelle in Schkeuditz an die Polizeistelle gemeldet, weil es schon vom Vortag dort im Wege stand und keinem der Angestellten gehörte.

Das Kennzeichen war ja auch eindeutig zuordenbar.

Natürlich arbeiten die Polizeiinspektionen über Datenaustausch zusammen. So konnte recht schnell bestätigt werden, dass Frau Kogler zu Recht vermisst wurde.

Bei der Sichtung der Überwachungsvideos der Tankstelle wurde Frau Kogler eindeutig erkannt. Diese Aufnahmen wollten wir Ihnen ohnehin zeigen.«

Damit drehte er sein Tablet in das Sichtfeld von Annabell.

Gespannt und aufgeregt betrachtete sie die Bilder. Corinna war zu erkennen, wie sie ihren Käfer volltankte und anschließend Richtung Verkaufsraum ging.

Und zurück - beim Einsteigen ins Auto zögerte sie an der Tür, schaute erfreut winkend zu jemandem, von dem man nur ganz kurz die Füße ins Bild bekam.

Sofort rief Annabell: »Das ist Maximilian Ramlok! Ich erkenne seine italienischen Schuhe!«

»Sie meinen, dass er das war? Wir haben uns zwar auf diesen Mann als Verdächtigen eingeschossen. Aber es ist doch mehr als unwahrscheinlich, dass er genau an der Tankstelle auftaucht, die Ihre Freundin angefahren hat. Es sei denn…« Der Kommissar ließ offen, was ihm durch den Kopf ging.

»Ich bin mir ganz sicher!«

»Wir haben natürlich versucht, vor Ort Zeugen zu finden, aber ohne Ergebnis. Laut der Belegabbuchung der EC-Karte von Frau Kogler war das gegen 16:00 Uhr. Es gab um diese Zeit keine Buchung von einem männlichen Kunden die passen könnte.«

»Dann ist Coras Auto ja aus dem Tankbereich weggefahren worden, um dort abgestellt zu werden, wo es letztlich gefunden wurde. Ist sie da freiwillig mit dem Max mitgegangen?«

»Das ist genau die Stelle, an der wir noch immer stecken. Wir haben keinerlei Beschreibung dieses Mannes oder seines Wagens. Keine Anhaltspunkte. Wir drehen uns im Kreis.«

Annabell hatte sich erhoben. »Gestern sind bei mir aber zwei neue Spuren aufgetaucht.

Ich mache uns einen Kaffee! Ist das recht?«, rief sie aus der Küche.

»Die Spuren wären uns wichtiger!«, erwiderte Frau Wendland ungeduldig.

»Bin schon dabei.«

Annabell kam mit dem Brief zurück und übergab ihn den beiden Kommissaren.

»Wer ist Xam?«, wollte Frau Wendland sofort wissen.

»Max. Er hat das *Rückwärtssprechen* zu seinem Hobby gemacht. Ob er mit der *Anderen* Corinna meint?«

»Das ist reine Spekulation«, erwiderte Herr Becker knapp. »Was ist mit der zweiten Spur?«

Annabell erzählte von den Beobachtungen ihres Nachbarn.

»Können wir mit dem persönlich reden?«

Anna hatte das Telefon schon in der Hand und wählte die gespeicherte Kurznummer.

Helfried war gleich am Telefon und wenige Minuten später an der Tür.

Er schilderte den beiden Kommissaren die Begegnung mit dem Mann, der nach Annabell gefragt hatte.

Er konnte aber auf die Nachfrage nach dem Autotyp keine brauchbaren Angaben machen.

»Es war, denke ich, ein kleiner Japaner. Ich kenne mich bei Autos überhaupt nicht aus.«

»Aber mit der Saarbrücker Nummer sind Sie sich sicher? Sie wissen nur noch *SB* ?«

»Ja, ein schwarzer Zweitürer.«

Mehr war nicht zu erfragen.

»Mir fällt ein, ich habe noch ein Foto von WinWin«, plapperte Annabell dazwischen.

Kommissar Becker blickte sie fragend an.

»WinWin – ein Autor-Kollege von mir – eigentlich Gottwin Winterkorn. Er hat mich mal fotografiert – besser noch eine Magnolie. Da ist auch …«

Völlig verständnislos blickten alle zu ihr und warteten auf eine Erklärung. Sie hatte ihren Laptop aufgeklappt und drehte ihn nach kurzem Suchen in ihrem Bildarchiv zu Herrn Becker um.

»Das Foto zeigte eine riesengroße Magnolie mit hunderten von blasslila Blüten. Darunter war Annabell mit einer Aktenmappe unterm Arm zu sehen. Sie winkte dem Fotografen zu. Weiter im Vordergrund sah man an einer geöffneten Autotür einen gutgekleideten Mann aussteigen.

»Das ist Maximilian Ramlok. Er ist aus Versehen auf dem Foto. WinWin wollte mich unter diesem wunderschönen Baum verewigen, so sagte er, als er mir das Bild als Anhang einer E-Mail sandte.

Da haben wir dann auch sein Auto.«

»Aber das ist ein rotes. Welche Marke? Unklar. Aber wieder Saarbrücker Kennzeichen. Zu dumm, der Busch auf dem Bürgersteig verdeckt die Zahlen der Autonummer. Wann wurde das aufgenommen?«

»Kann ich genau heraussuchen. Es war bei der vorigen Lesung in Nürnberg, vor vier Wochen.«

»Er sieht wohlsituiert aus. Unlogisch, dass er so ein kleines Auto fährt. Und nach vier Wochen schon wieder ein anderes?«

Frau Wendland überlegte laut. »Vielleicht benutzt er für seine *Stalking Touren* bewusst nicht sein eigenes Fahrzeug, sondern immer Leihwagen?«

»Das ist eine kluge Schlussfolgerung«, lobte der Kommissar.

Er nahm sein Telefon und rief bei seiner Dienststelle an. Er informierte kurz, mit welchem Fall er gerade befasst war und dass er ein paar Fotos per Computer senden wollte. Sie sollten herausfinden, um welchen Wagentyp es sich handelt, in welcher Auto-Verleihfirma in Saarbrücken dieser Typ ausgeliehen wird. Der gesuchte Kunde sei ein Herr Maximilian Ramlok.

Jetzt hieß es, auf eine Rückmeldung zu warten.

»Schuhe sind Rudeltiere«, dachte Annabell, als sie auf die schicken Pumps von Frau Wendland starrte.

Ihr kam die Erinnerung an ihre Begrüßung bei Coras Ankunft und die heiteren, ausgelassenen Stunden danach. »Wo bist du nur? Warum kannst du dich nicht melden?« Tränen traten ihr in die Augen.

Sie traute sich nicht, zu Axel hinüber zu schauen, der die ganze Zeit nicht ein Wort mehr gesagt hatte.

»Ich würde gern eine Zigarette rauchen«, ließ Frau Wendland hören. »Kann ich einen Moment vor die Haustür?«

»Ich komme mit«, boten Axel und Helfried fast gleichzeitig an.

Schon waren die drei verschwunden.

Annabell stand ebenfalls auf. »Ich mache nochmal frischen Kaffee.«

Kommissar Becker folgte ihr in die Küche. Jovial fasste er sie an der Schulter.

»Sie fühlen sich schuldig, stimmt´s?«

»Na ja, Axel hatte schon nicht Unrecht. Hätte ich nicht…, wären wir nicht… Ich kann das nicht aus dem Kopf bekommen.«

»Nein, Sie haben überhaupt keinen Grund, Schuldgefühle aufzubauen. Es ist im Leben nun mal so: wäre an dieser Stelle, in diesem Moment eine andere Entscheidung gefällt worden, wäre das ganze Leben ein Anderes. Wir haben darauf keinen Einfluss. Nennt man es nicht Schicksal?

Im Übrigen: wir wissen ja gar nicht, ob das Verschwinden Ihrer Freundin mit Ihrem Stalker zusammenhängt. Wir müssen aber doch jeder Spur nachgehen. Wir haben ihn ganz oben auf der Liste. Na ja, um ehrlich zu sein: er ist die Liste.

Was haben Sie denn hier vor?«, fragte er mit einem erstaunten Blick auf Annabells Küchentisch.

Dort lagen noch kreuz und quer verstreut ihre Rezepte, die sie gestern herausgekramt hatte.

»Ach, da bin ich mit dem Flammkuchen drüber abgestorben. Ich wollte meine Rezeptsammlung ordnen. Das hat aber Zeit.«

Das Telefon klingelte und Annabell nahm neugierig das Gespräch an. Herr Becker machte keine Anstalten, sich diskret zurückzuziehen. Im Gegenteil blieb er interessiert neben ihr stehen.

»Nein«, antwortete sie gerade auf eine Frage des Anrufers. »Du kannst definitiv nicht mit der dritten Folge rechnen. Thomas, ich habe massive private Probleme und überhaupt keine Ruhe zum Schreiben.«

Sie hörte sich die Antwort ihres Verlegers an und sagte noch einmal mit Nachdruck:

»Bitte Thomas, versteh mich doch. Es käme nichts dabei heraus, wenn ich mal eben *Miranda* im Schnelldurchlauf heiraten lasse – oder was auch immer. Vielleicht habe ich in Australien dann wieder Zeit und Lust zum Schreiben. Gedulde dich einfach. Wir bleiben per E-Mail in Verbindung, wenn ich weg bin. Mach´s gut.«

Damit hatte sie aufgelegt. Bevor Herr Becker fragen konnte, erklärte sie ihm, dass ihr Verleger sie schon längere Zeit bedrängt, einen dritten Teil vom *Paradies* zu schreiben.

»Was war das mit Australien?«, wollte er wissen.

»Ich werde auswandern. Ich habe hier niemanden mehr. Meine Schwester lebt schon viele Jahre dort.

Sie erwartet mich. Wir werden gemeinsam eine Urlauberpension betreiben.«

»Oh, toll. Da komm ich Sie besuchen! Aber Sie bleiben schon noch hier, bis wir den Fall gelöst haben?«

»War das eine Bitte oder ein Befehl?«

»Ich kann Ihnen doch nichts befehlen! Nur, wir werden Sie noch brauchen.«

»Ich hätte auch keine Ruhe, bevor nicht alles geklärt ist. Es gibt hier ohnehin noch eine Geburtstagsfeier zu meinem 50. Geburtstag, die auch gleichzeitig eine Abschiedsfeier werden soll – Ende September.«

»Bis dahin sollten wir Klarheit haben. Wir brauchen sicher keine fünf Monate. Da bin ich ja beruhigt.«

Der Kaffee war fertig und die drei Raucher kamen auch wieder herein.

»Ich kann mich doch sicher verabschieden, oder werde ich noch gebraucht?«, wollte Helfried wissen.

»Wir haben ja Ihre Daten, sollte es noch weitere Nachfragen geben.«

Damit entließ Kommissar Becker Annabells Nachbarn.

»Wir telefonieren heute Abend!«, rief sie ihm noch nach.

Als alle vier wieder zu ihren Plätzen gefunden und einen frischen Kaffee vor sich hatten, setzte Kommissar Becker zu einem Monolog an.

Er fasste noch einmal langwierig zusammen, was sie nun wussten, beziehungsweise auch nicht wussten. Seine Schilderung war etwas langatmig und ermüdend.

Axel meldete sich dazwischen einfach zu Wort: »Für mich steht fest, dass dieser Max sie entführt hat.

Sein Interesse scheint sexueller Natur, da keine Lösegeldforderungen eingegangen sind.«

Kommissar Becker ließ sich den Faden des Gespräches nicht aus der Hand nehmen. Er reagierte gar nicht auf Axels Einwurf.

»Wir bleiben an dieser Spur des Herrn Ramlok dran. Im Moment haben wir nichts anderes. Wir können nur in altmodischer kriminalistischer Klein-, Kleinarbeit versuchen, diese Spur zu untermauern oder ganz fallen zu lassen, wenn sich anderes ergibt.

Ich würde Sie beide bitten, bei auch nur der kleinsten neuen Erkenntnis uns sofort zu kontaktieren.

Wir halten Sie im Gegenzug auch auf dem Laufenden.«

Sein Handy klingelte. Er nahm das Gespräch an und hörte wortlos zu, während sein Gesicht seine Enttäuschung widerspiegelte.

»Der Mietwagenservice ist wahrscheinlich die Kette *Cityhopser*, die haben überwiegend japanische Kleinwagen und ihren Sitz in Saarbrücken. Es gibt aber in allen sechs Filialen im Land keinen Anmieter mit Namen *Maximilian Ramlok.* Wir bleiben aber dran.«

Annabell kritzelte auf einen Zettel. Sie sah die anderen zerstreut an: »Max Kolmar.«

»Wie bitte?« Kommissarin Wendland blickte fragend in ihre Richtung.

»Vielleicht heißt er *Max Kolmar?* Er hat doch dieses Verdreh Hobby. Er hat sich uns gegenüber nicht mit seinem richtigen Namen vorgestellt. Er hat ja auch seinen Brief mit *Xam* unterschrieben. Bei der Vermietung muss er aber seinen Ausweis zeigen. Er könnte auch *Kolmar* heißen.«

»Klingt logisch. Lassen wir das doch nochmal prüfen.« Herr Becker hatte sein Telefon schon wieder am Ohr. »Das läuft«, meldete er mit einem erfreuten Lächeln im Gesicht.

Nach ganz kurzer Zeit klingelte das Handy erneut. Alle schauten erwartungsvoll auf den Kommissar.

Der beendete das Gespräch mit: »Ihr kennt die nächsten Schritte!«

Zu den anderen gewandt kam sein erleichtertes: »Tatsächlich, ein *Max Kolmar* ist so etwas wie Stammkunde in der Filiale in Köln. Er ist auch in Köln wohnhaft.

Etwas überstürzt brachen sie auf. Axel nahm Annabell zur Seite und hielt sie ziemlich derb am Arm.

»Heute Abend wird ein Aufruf von Rosanna und mir im Fernsehen gesendet. ARD 18:30 Uhr. Schaus dir an!«

»Ja«, bestätigte Kommissar Becker. »er war davon nicht abzubringen. Na gut, es kann ja auch nicht schaden. Also, wir lassen von uns hören.«

Schon waren sie die Treppe hinunter und im Auto.

Mit gemischten Gefühlen blieb Anna in der Tür stehen. Jetzt hatte sich eventuell die Spur verdichtet?

Sie kleidete sich schnell um, nahm ihre Stöcke und machte sich auf den Weg zu einem längeren Walking-Lauf. Der Wind hatte aufgefrischt und eine Böe blies ihre gesamte Lockenpracht von hinten nach vorn übers Gesicht. Sie kehrte noch einmal kurz zurück, um sich ihr Stirnband zu holen.

Das Telefon! Sollte sie drangehen?

»Hi Anna, Einladung zur selbstgemachten Pizza und Spitzenwein. 18:00 Uhr bei uns. Und Neuigkeiten!«

»Da kann ich gerade nicht, muss 18:30 Uhr in der ARD *'Auch Du kannst helfen'* schauen.«

»Gilt nicht, auch wir haben seit dem Beginn unserer Ehe einen Fernsehapparat!«

»Na gut, dann ja. Bis heute Abend.« Danach lief sie los und es war angenehm, dass der Wind ihr alle trüben Gedanken und die Schuldgefühle aus dem Kopf blies.

Die wenigen Stunden bis zur nachbarschaftlichen Einladung füllte sie mit Aufräumen.

Auch die Vorbereitungen ihrer Buchlesung am Freitag und des Coaching-Seminars ab nächsten Dienstag nahmen Zeit in Anspruch.

Paul musste sie sogar mit einem Klopfen ans Fenster an ihre Verabredung erinnern.

Drüben war der Tisch liebevoll gedeckt. Annabell wurde so platziert, dass sie den Fernsehapparat gut im Blick hatte.

Der erste Beitrag der Sendereihe *»Auch Du kannst helfen«* richtete sich an die Zuschauer auf der Suche nach einem EC-Karten Betrüger. Gleich als zweiten Beitrag kündigte die Moderatorin eine Bitte von Tochter und Vater an, deren Mutter seit sechs Tagen vermisst wurde. Es gäbe keinerlei Anhaltspunkte für ihren Aufenthalt und ebenso wenig Forderungen oder Bekennerschreiben von Entführern.

Man müsse auch an einen Unfall und Ähnliches denken. Wer kann zur Aufklärung beitragen?

Und danach schwenkte die Kamera auf die beiden betroffenen Personen.

Nur ein leiser Aufschrei machte die Anderen auf Annabell aufmerksam.

Sie war in ihrem Stuhl zusammengerutscht. Ihre Augen waren übernatürlich weit aufgerissen und alles Blut aus ihrem Gesicht gewichen.

Sandra blickte perplex von Anna zum Bildschirm und sah es selbst: **Dort saß Rainer!** Auf dem Bildschirm könnte man meinen, Rainer zu sehen.

Wie in den ersten Jahren, als Sandra ihn als Ehemann von Annabell kennenlernte, sah Rosanna aus. Die Tochter von Corinna und Axel.

Nein eindeutig: die Tochter von Corinna und Rainer!

Keiner hörte zu, was die beiden unter Tränen zu sagen hatten.

Annabell war aufgestanden und taumelte zur Tür.

»Können wir dir helfen? Soll ich mit zu dir kommen?«, bot Sandra hilflos an.

»Danke, ich möchte jetzt allein sein«, wehrte Anna schwach ab und ging.

Sie ging schnurstracks in ihr Schlafzimmer und legte sich in voller Straßenkleidung aufs Bett.

Rainer und Cora. Das war ein Schock!

Deshalb wollte ihr Cora auch keine aktuellen Fotos von Rosanna zeigen.

Sie wusste ja nun von Coras Sexsucht und hatte auch seltsamerweise keinen Groll auf sie.

Aber Rainer! Wie würde sie damit fertig werden?

War es nicht in mehrfacher Hinsicht ihre Schuld, die Rainer in die Arme einer anderen Frau getrieben hatte? War sie doch zu kühl gewesen? Oder abweisend?

Es war eher Enttäuschung als Wut, die sie die Tatsache sehen ließ.

Aber hatte sie das Recht, enttäuscht zu sein? In ihr Gedächtnis drängte sich eine sehr verblasste Erinnerung:

Der falsche Zug

Gerade hatte ich es noch geschafft. 8:15 Uhr sollte der Zug im Leipziger Hauptbahnhof nach Neuposen abfahren. Meine Provinzbahn hatte einige Verspätung gehabt, aber schließlich konnte ich doch noch pünktlich und erleichtert in die Polster eines leeren Abteils plumpsen.

Die Beine legte ich auf dem gegenüberliegenden Sitz ab - natürlich ohne Schuhe.

Ich kramte rasch das Buch aus der Tasche, das mir meine Freundin geliehen hatte.

»Es liest sich wunderbar. Sehr aufwühlend, sehr dramatisch, aber sehr gut«, war ihr Kommentar dazu. Sofort begann ich mit der Lektüre. »Mein fremdes Gesicht« von Irene Oberthür. Der Inhalt fesselte mich total, so dass ich ganz erstaunt aufblickte, als ein starker Ruck durch den Zug ging.

Sie hatten gerade eine Lock an den Zug gehängt. Beim Blick auf die Bahnhofsuhr war ich verwundert, dass bereits eine halbe Stunde vergangen war. War ich nicht sehr knapp angekommen?

Als wenige Minuten später der Schaffner nach den Fahrausweisen fragte, reichte ich ihm, ohne von meinem Buch aufzublicken, mein Ticket.

»na Meechen, da biste aber hier völlsch falsch, is ja forschbar« hörte ich sein Leipziger Dialekt.

»Fährst halt eenfach durch bis in de Hauptstadt un frachst da weiter«, riet er mir noch, bevor er amüsiert seinen Kontrollgang fortsetzte.

Was soll´s, ich bin Optimist. Das Buch war spannend. Eine gute Stunde Fahrzeit war leicht zu überstehen. Das Problem würde anschließend auftauchen, eine akzeptable

Verbindung nach Neuposen zu bekommen. Ich hatte nicht mal den leisesten Schimmer, wo das Kaff lag. In der Umgebung Berlins, das allein war mir bekannt.

Nur zwei Züge täglich fuhren nach Neuposen. Meiner war mit Umsteigen. Damit war ich dann nochmal zwei Stunden unterwegs.

Bei der Ankunft hatte ich mein Buch fast durchgelesen, war völlig durchgeschwitzt und müde.

Der Fußweg zum Seminarhotel war auch nochmal vier Kilometer weit und sehr staubig; nichts für High Heels.

Die Sonne knallte an diesem Nachmittag unbarmherzig vom Himmel.

Am Straßenrand durchwühlte ich erstmal meinen Koffer nach bequemeren Schuhen.

Warum tat ich das? Ich wusste doch, es war nichts dabei, was zum Laufen wirklich geeignet war. Ich hatte ja nur drei Paar von den hohen, eleganten eingepackt. Nur die chicen, nichts Bequemes..

Also ging ich ohne Schuhe weiter.

Der Koffer war schwer - damals hatten die noch keine Rollen, man musste sie noch selber tragen.

Meine Löwenmähne - meine Freundin nannte sie *Wischmopp* - hatte ich mit einem Gummiband zusammengeknotet. Das Papiertaschentuch löste sich schon vom vielen Schweißwischen in lauter Fusseln auf.

»Puh, war das eine Hitze.«

Erfreut nahm ich wahr, dass mir ein Kleinbus entgegenknatterte.

»Kommen Sie zu dem Computerseminar in der Talmühle?«, wollte der Fahrer wissen.

Als ich das freudig überrascht bejahte, stieg er sofort aus dem Auto.

Er verstaute meinen Koffer und bat mich, einzusteigen.

»Der Chef hat mich geschickt. Es fehlen noch zwei Teilnehmer und da sollte ich nachschauen, ob die eventuell mit dem zweiten Zug ankommen«, erklärte er kurz.

Ach, was war ich froh. In kürzester Zeit bogen wir auf dem Hof der Talmühle ein.

Die Teilnehmer des Lehrgangs hatten sich alle dort auf Bänken verteilt und schauten erwartungsvoll zu uns.

»Ach, da kommt ja tatsächlich noch so ´n versprengtes Pony«, lachte der gutaussehende junge Mann, der sich vor die Anderen positioniert hatte.

»Nein, sie sieht doch eher aus wie eine wilde Stute. Geh´ bitte zu der Dreiergruppe rüber.« Er zeigte auf drei Personen in der hintersten Reihe.

»Hallo, jetzt haben wir hier noch unsere Stute ´Dirty´ - entschuldige, wir sagen gleich alle Du. Ich stell dir die anderen vor: dieses Kätzchen heißt ´Schnurri´, der Hüne hier ist ´Goliat´ und ich Schlauberger wurde ´Steini´ (von Einstein) getauft.«

Mit ausladender Handbewegung beschrieb der ´Führer´ mir die Mitglieder der kleinen Kolonne, die in den nächsten fünf Tagen meine Studiengruppe darstellen sollte.

Die alberne Namensgebung gehörte zum Kennenlernprozess Jeder Teilnehmer sollte sich mit seinem Spitznamen identifizieren und sich adäquat dazu verhalten.

Für mich hätte das bedeutet, meinen Straßenstaub nicht abzuwaschen und die Mähne ungebändigt zu lassen, sonst wäre ich nicht mehr dirty.

Eine Stunde lang hörten wir einiges über die Arbeitsziele und -methoden in unserer Studienwoche und wurden dann zu einem gemeinsamen Abendessen entlassen.

Erstmal schnell unter die Dusche. Danach war ich wie neugeboren. Die Haare handtuchtrocken und naturgelockt ließ ich jetzt offen. Sie waren kaum zu ordnen.

Ein früherer Freund riet mir einmal: »Mach dir doch nicht so viel Mühe mit deiner Frisur. Du siehst zerwühlt besser aus als gekämmt.«

Leicht geschminkt in meinem Lieblingskleid mit großem Ausschnitt und vielen kleinen bunten Tupfen gefiel ich mir wieder.

Das Abendessen verlief in lustiger Atmosphäre.

Schnell stellten wir fest, dass wir gut zusammenpassten.

Deshalb freuten wir uns auch auf die angekündigte Kennenlernparty, die am Abend laufen sollte.

Umziehen wollte ich mich nicht nochmals - nur etwas nachschminken - ich fand mich schön genug.

So hatte ich Zeit, mein spannendes Buch zu Ende zu lesen.

»Wir haben ′Dirty′ den falschen Namen gegeben. ′Princess′ wäre treffender gewesen«, war Goliats anerkennender Begrüßungskommentar, über den ich herzlich lachen musste.

»Na, dann eben ′dirty Princess′′ mischte sich Big Boss ein, der gutaussehende Lehrgangsleiter.

Ich schaute über die Schulter zu ihm zurück und begegnete einem hungrigen Blick aus schwarzen, tiefgründigen Augen.

Er verwirrte mich. Ich spürte ein erotisches Kribbeln auf meiner Haut.

Steini hatte die Situation beobachtet und zischte: »Fall ja nicht auf den Kerl rein. Der nimmt sich doch Jede.«

»Ich würde den aber auch nicht von der Bettkante stoßen«, lachte Schnurri mich aufmunternd an.

»Wie seid ihr denn drauf. Ich will endlich hinter die Geheimnisse meiner Computerarbeit kommen, dafür bin ich hier.«

Kopfschüttelnd ließ ich mich neben den Anderen an der Bar nieder.

Wir sprachen den leckeren Mixgetränken reichlich zu. Ab und zu tanzten wir, auch mit Teilnehmern der anderen Gruppen. Wir hatten eine Menge Spaß.

Zwei Arme umfassten mich von hinten und zogen mich sanft vom Barhocker.

»Bevor wir mit der Party Schluss machen, wollte ich doch wenigstens mit unserer Vollblutstute getanzt haben«, hauchte er mir ins Ohr.

Victor erwartete keinen Widerspruch. Er bekam auch keinen. Dazu war ich gar nicht fähig.

Mein Gesicht lief rot an. Mein Herz klopfte schneller, und wieder diese erotische Gänsehaut.

Lange hatte ich mich nicht so begehrt gefühlt. Es schmeichelte meinem Ego.

Wir lagen uns tanzend in den Armen und vergaßen die Zeit.

Das Tschüss meiner Freunde hatte ich ebenso wenig wahrgenommen, wie die Drohung des Hausmeisters, dass er jetzt das Licht in der Bar löschen würde.

Mit einem gehauchten Kuss auf die Wange ließ mein Kavalier mich aus den Fängen.

»Schlaf gut, Dirty.«

Wie in Trance ging ich in den Schlafsaal. Es war ein Raum wie im Ferienlager. Zehn junge Frauen waren auf schlichte Stahlbetten verteilt, die bei jeder Bewegung ächzten. Das Gekicher war weithin im Flur zu hören.

Die Unterbringung in der Gruppe – diese Jugendherbergsatmosphäre - sollte das Zusammengehörigkeitsgefühl während des Seminars stärken. Für die »Ossis« war das kein Problem, aber die drei Damen aus dem Westen waren schon etwas pikiert.

Natürlich kamen von allen Seiten spitze Bemerkungen in meine Richtung. Alle hatten ja unseren Tanzmarathon beobachten können.

Die Sticheleien erreichten mich nicht. Ich wusste, es war viel Neid dabei.

Das war aber auch ein Mann! Und er hatte ***mich*** ausgewählt!

Überlegen lächelnd suchte ich in meinem Koffer nach meinem Waschzeug.

»Da hast du jetzt aber wirklich Pech«, hörte ich die rothaarige Gabi aus einer anderen Teilnehmergruppe, »im Waschraum sind nur zwei Duschen, da musst du schon warten, bis du dran bist.«

»Auch wenn du die Auserwählte von Big Boss bist«, giftete noch eine andere hinterher.

»Na und, da wart ich halt. Ihr seid vielleicht blöd«, erwiderte ich ärgerlich.

Zickenterror!

Ich legte mich aufs Bett und wartete.

Gelegenheit, über die letzten zwei Stunden nachzudenken. »So nah am Feuer, so nah am Tabu…«, fiel mir der Schlager ein.

Was hatte er mir alles für Komplimente gemacht, während wir zusammen tanzten.

Seine Worte und Blicke hatten mich total verwirrt. Ich hatte ein Mühlrad im Kopf und eine Menge Adrenalin in den Adern.

Ich glaube, meine Füße hatten den Boden nicht berührt, während ich in seinen Armen lag.

»give me, give me give me a man after midnight” war passend dazu einer der Ohrwürmer.

Schnurri tippte mich leicht an: »Du kannst jetzt ins Bad gehen, es ist niemand mehr vorn.«

Der Reinigungsvorgang nahm nicht viel Zeit in Anspruch. Ich hatte ja am Nachmittag erst geduscht.

Auf dem Rückweg durch den Gang in Richtung Mädchenschlafsaal öffnete sich plötzlich eine Zimmertür für einen Spalt.

Eine Hand streckte sich heraus und ich hörte im Flüsterton: «Hi Dirty, komm zu mir!«

Nur ahnend, wer das war, legte ich meine Hand in seine. Schnell zog er mich ins Zimmer.

Als wir uns küssten und die Kleidungsstücke auf dem Weg bis zu seinem Bett verstreuten, vergaß ich Zeit und Raum. Ich sollte nicht hier sein!

Wir liebten uns wild, fast schmerzhaft. Wir waren besessen von unseren Körpern. Er musste mehr als nur zwei Hände haben. Und so viele Münder!

Wir hielten atemlos inne, um uns sofort neu zu vereinen. Wir sprachen nicht, verstanden uns wortlos. Ständig ergaben sich neue Stellungen, neue Intimitäten. Unsere Körper waren reine Lustobjekte. Für die Fantasie gab es keine Grenzen und keine Tabus.

Nein, das war kein gewöhnliches Liebesspiel!

Ich hatte niemals vorher solchen Sex erlebt. Ich war niemals vorher so begehrt worden. Ich war noch niemals so im Einklang mit mir und einem anderen Menschen – einem anderen Mann.

Diese Sinnesempfindung war nicht von dieser Welt. Es war ein Ausflug in einen unentdeckten Kosmos - Naturereignisse. Erdbeben, Vulkanausbrüche, Tsunami: das alles erlebte **Dirty** in dieser Nacht – wieder und wieder.

Es wurde schon hell, als wir uns aus unserer zärtlichen Umklammerung lösten.

In meinem eigenen Bett lag ich lange mit geschlossenen Augen ohne Schlaf.

Noch immer war ich voller Adrenalin. An Schlafen war einfach nicht zu denken, ich setzte mich aufrecht ins Bett und wusste nicht wohin mit meinen Gefühlen.

Was ich so überdeutlich vor meinem geistigen Auge sah, hatte nicht *ich* erlebt.

Ich sah mich fassungslos danebenstehen.

Es war Dirtys Liebesabenteuer.

Deshalb spürte ich keine Skrupel und kein schlechtes Gewissen.

Und irgendwann, ganz spät irgendwann holte mich ein tiefes, warmes Glücksgefühl dann doch in sanfte Träume.

Es war wieder Schnurri, die mich weckte. »Und?«, war alles, was sie sagte. Ich sah in ihren Augen, dass sie alles wusste.

Ich nickte nur mit dem Kopf, wurde rot dabei und legte den Finger auf ihre Lippen.

Schnurri nahm meinen Arm: »Versteh‘ schon.«

Gemeinsam rannten wir zum Waschraum, denn wir waren die Letzten.

In den nächsten Tagen kamen wir mit dem Lernstoff gut voran. Wir waren eine tolle Truppe und hatten zusammen viel Spaß.

Victor - dem Big Boss - begegnete ich betont unauffällig.
In unausgesprochenem Einvernehmen konnten wir miteinander umgehen wie mit allen anderen auch.
Wer da etwas Geheimes zu sehen gehofft hatte, wurde enttäuscht.
Am Ende der Woche verabschiedeten wir uns fröhlich.
Wir umarmten uns freundschaftlich und sahen uns nie wieder.

Erwachen

Als sie schließlich erwachte, war Annabell total verwirrt.

Sie kannte weder Zeit noch Raum, lag verkehrt herum, vollständig angezogen auf dem Bett.

Auf *ihrem* Bett, das realisierte sie zuerst.

Draußen wurde es hell. Die Wolken trieben im starken Wind in immer anderen Formationen über den Himmel. Die aufgehende Sonne leuchtete sie von unten an und ließ sie in Rosa- und Rottönen erstrahlen.

Manchmal konnte sie Figuren sehen, die gleich wieder in Fetzen zerflossen.

Auf jeden Fall konnte sie dem Spiel eine Menge abgewinnen, da die heraufdrängenden Gedanken an die Probleme der letzten Tage etwas nach hinten rückten.

Die Uhr zeigte Viertel nach sechs, gar nicht ihre Aufstehzeit.

Weiterschlafen würde jetzt aber auch nicht mehr klappen.

Ohne ihren gewohnten Tagesplan lief sie unentschlossen nach unten.

Cora, Rosanna, Rainer – nein, darüber denke ich später nach.

Aber ihre Gedanken hatten ihre eigenen Regeln. Mit Vehemenz drängte sich das Bild von Rosanna vor ihr geistiges Auge.

So eine Ähnlichkeit aber auch!

Annabell rechnete. Rosanna war jetzt zirka dreizehn Jahre alt. Ihre Zeugung ist also auf das Jahr 2000

anzusetzen. Das war auch der Zeitraum ihres eigenen Fehltritts.

Die Jahre 1999 und 2000 waren für Anna und Rainer ein konfliktreiches Zusammenleben.

Es hatte verschiedene Ursachen, wie das bei Ehekrisen meist der Fall ist. Vor allem belasteten ihre zwei Fehlgeburten ihrer beider Psyche. Normaler Alltag war lange Zeit nicht möglich.

Aber auch die Differenzen ihrer sexuellen Wünsche und Vorstellungen trug dazu bei.

»Ich weiß, du magst keinen Oralsex«, hatte Cora gesagt. Nun war Anna auch klar, woher sie dieses Wissen hatte. Was hatte er noch alles aus dem Bett ausgeplaudert?

Das machte sie dann doch wütend. Sie versuchte, mit ihren Gedanken in der Gegenwart zu bleiben.

Sehr resolut lief sie ins Schlafzimmer zurück. Aus der Kommodenschublade griff sie sich eine große Plastiktüte. Alle Herrenschlafanzüge –auch den ungewaschenen aus ihrem Bett – stopfte sie hinein.

Reizwäsche, die Rainer ihr von verschiedenen Reisen mitgebracht hatte, landete in dem Sack.

Womöglich hatte er die Wäsche mit Cora zusammen ausgesucht? Womöglich hatte sie die Stücke sogar anprobiert?

Sie konnte ihre Wut nicht unterdrücken.

Ja, ich weiß. Auch ich habe Schuld auf mich geladen. Die Affäre mit Victor in ihrer Erinnerung hinterließ tatsächlich noch einmal ein Kribbeln durch ihren gesamten Körper.

Jahrelang hatte sie nicht mehr daran gedacht. Es war ihr einziger Ausrutscher geblieben.

Nach intensiven Gesprächen und einer Paartherapie hatten sie sich wieder einander angenähert.

Sie ging davon aus, dass auch Rainer sich nicht weiter mit Cora getroffen hatte.

Moment! Sie hatte eine Idee.

Nachdem noch einige Pullover und Hosen, die sie schon länger in die Kleidersammlung geben wollte, in dem Sack gelandet waren, war das Büro ihr Ziel.

Beide hatten immer ihre Taschenkalender der abgelaufenen Jahre im Schrank deponiert.

Niemals wäre sie auf die Idee gekommen, in seinen Kalendern rumzuschnüffeln. Wonach auch? Sie war sich seiner sicher.

Das wäre deutlicher Vertrauensbruch. Aber den hatte er nun doch begangen, indem er mit Cora über intime Details geplaudert hatte. Nun hatte sie ein Recht, sich Klarheiten zu verschaffen.

Sie suchte gezielt nach den Jahren 2000 und 2001 und wurde sehr schnell fündig.

Es hatte im Italienurlaub begonnen und insgesamt eineinhalb Jahre angedauert.

Für ihre Treffen gab es nur ein verschlüsseltes Zeichen *C+R* und die Stadt, in der sie sich getroffen hatten. Maximal einmal monatlich waren diese Dates erwähnt, immer in Verbindung mit seinen dienstlichen Terminen – Ausstellungen, Fortbildungsseminare und Ähnliches.

Anna fand auch die *Geburt Rosannas* am 11.02.2001 eingetragen.

Das war nicht verfänglich, da sie beide Corinna und Axel zur Geburt der Tochter gratuliert hatten und auch gemeinsam das Baby besichtigen.

Weder ein paar Monate vor Rosannas Geburt und ebenso wenig danach fand Anna noch einmal eine Eintragung *C+R*.

Es war beendet. Sie suchte auch nicht nach anderen Frauen, sie wollte glücklich bleiben.

Das war sie nun wieder. Glücklich in den Erinnerungen an ihren Mann.

So viele schöne Jahre hatten sie zusammen verbracht. Ihre Krise war vorübergegangen und sie hatten sich neu zusammengerauft.

Ihre gegenseitige Untreue war ausgeglichen. Schwamm drüber! Sie konnte verzeihen.

In den schweren Tagen nach dem Unfall und während ihrer langsamen, schmerzvollen Genesung hatte sie sich als Masterplan vorgenommen, die Dinge zu nehmen, wie sie sind.

Sie wollte unbedingt zu ihrem alten Optimismus zurückfinden, was ihr bisher auch gut gelungen war.

Mit neuem Elan trug sie den Wäschesack zu ihrem Auto und zog gleich im Keller ihre Kleidung aus, die sie gestern den ganzen Tag und auch noch die Nacht getragen hatte. Sie sortierte die Sachen mit anderen Wäschestücken zusammen in die Waschmaschine und suchte nach ihrem Bademantel, der immer in der Saunakabine hing. Sie mochte sich nicht einmal vor sich selbst nackt sehen.

Während der Kaffee langsam durchlief, stand sie unter der Dusche.

Annabell lächelte verzeihend, aber mit Tränen in den Augen. »Alles ist wieder in Ordnung. Wir haben uns nichts mehr vorzuwerfen. Ich liebe dich noch immer.« Ihr Blick war nach oben gerichtet. Sie hatte ein gutes und warmes Gefühl, ihre innere Ruhe war zurückgekehrt.

Das Telefon läutete. Mit dem Badetuch um ihren Körper setzte sie sich auf den Telefonstuhl.

»Winterkorn hier. Hallo, Süße.«

»Ach hallo Winni, schön, dich zu hören!«

»Ich wollte dir mitteilen, dass Göran krank ist.«

»So, Aha, Göran ist krank.« Was interessierte sie, dass Göran krank war?

»Er hätte doch morgen mit dir die Lesung in Neustadt.«

»Ach so, hatte ich ganz vergessen, ich meine Göran. Und nun?«

»Kann es sein, dass du ein bisschen durch den Wind bist, Schätzchen?«

»Da sprichst du ein wahres Wort gelassen aus. Und nicht nur ein bisschen!«

»Da komm ich sicher ungelegen mit meiner Bitte: Ich springe für Göran ein, bin also morgen bei der Lesung dabei. Ich wollte heute schon fahren, finde so kurzfristig aber kein Hotel. Ich weiß nicht, ob Göran was bestellt hatte, ich kann ihn nicht erreichen. Du kennst dich doch da aus – in der Gegend.«

»Ach Liebling, du brauchst doch kein Hotel. Du schläfst selbstverständlich bei mir!«

»Das habe ich mir ja schon seit Jahren gewünscht!«

Annabell musste lachen. Bei jedem Treffen baggerte er sie an. Dabei wusste sie tatsächlich nicht, ob es Spaß oder Ernst war. Sie mochte ihn. Er war lustig und unkompliziert.

»Na prima, dann wäre das schon mal geklärt. Fährt dein Zug über Jena?«

»Ja, er hält in Jena gegen 18:00 Uhr und in Saalfeld 19:45 Uhr.«

»Dann steigst du in Jena aus. Ich hole dich am Bahnhof ab und wir gehen lecker Abendessen.«

»Ist das nicht zu weit für dich?«

»Normalerweise schon, aber ich habe soeben beschlossen, heute ganz ausführlich und für viel Geld in Jena shoppen zu gehen.«

»Prima, ich freue mich auf dich!«

Während des Gesprächs hatte jemand in der Leitung angeklopft, deshalb würgte sie WinWin auch kurz ab.

»Ja, Ahrend?«

»Hast du die Fernsehsendung gestern gesehen? Ich hab nicht daran gedacht, dass du… Hast du Rosanna gesehen?« Axel hatte keinen Gruß, seine aufgeregte Stimme überschlug sich.

»Ja, beruhige dich. Ich habe Rosanna gesehen, ein hübsches Mädchen, ganz der Vater.«

»Also Moment…! Du hast doch wohl erkannt…? Sag mal, spinnst du?«

»Ach Axel. Natürlich war ich im ersten Moment geschockt. Aber diese Dinge sind nicht mehr zu ändern. Rainer ist tot und Cora verschwunden. Wir haben jetzt andere Sorgen.

Es ist nur zu hoffen, dass mit ihr alles positiv ausgeht. Nur das wünsche ich mir.«

»Du bist nicht sauer wegen der beiden? Na das hätte ich nicht erwartet, dass du so cool reagierst!«

»Axel, ich setze jetzt ganz andere Prioritäten. Wenn du erlebt hättest, was ich im letzten Jahr alles durchgemacht habe…«

»Das freut mich dann doch, ich meine, dass du so tolerant bist. Ich habe Cora verziehen, als sie es mir beichten musste. Aber wir haben uns immer bemüht, dass du davon nichts erfährst. Deshalb war ich auch oft recht ruppig mit dir, dass du keinen Wunsch nach einem Besuch bei uns hegst. Schön, wenn das ***so*** ist. Ich liebe dieses Mädchen nämlich wirklich, als wäre sie meine eigene Tochter. Da fällt mir jetzt aber ein Stein vom Herzen!«

»Alles gut. Ich dachte, du könntest mich per sé nicht leiden.«

»Na doch, ein bisschen kann ich dich schon leiden. Du warst mir aber immer zu anstrengend und zu laut gekleidet.«

»Gut, dass wir darüber gesprochen haben. Informiere mich, sobald es etwas Neues gibt. Bitte. Ich muss Schluss machen, es steht wer vor meiner Haustür.«

»Ich melde mich!«, rief er erleichtert ins Telefon.

Auf dem Treppenabsatz stand Sandra mit einem kleinen Maiglöckchen Strauß aus ihrem Garten.

Sie umarmte Annabell und forschte in ihrem Gesicht nach Spuren von Kummer.

Da sie keine fand, sagte sie erleichtert: »Bist du über den ersten Schock hinweg? Wir haben uns Sorgen gemacht. Aber wir dachten auch, du wolltest sicher allein sein?«

»Ja, war so. Aber jetzt ist alles paletti.«

Sie schaute an sich herunter.

»Wenn man bedenkt, dass ich schon kurz nach sechs Uhr aufgestanden bin, bin ich weit gekommen.

Ich habe noch nicht einmal gefrühstückt. Dabei habe ich gestern zum morgen das Letzte gegessen. Das darf ich eigentlich nicht. Jetzt hab ich aber auch entsprechend Hunger.

Hast du Zeit?« Sandra nickte. »Dann stell doch bitte Frühstückszeug auf den Tisch – und für dich.

Kaffee ist durch, genug. Ich ziehe mich inzwischen an. Wir haben eine Menge Gesprächsbedarf.«

Mit diesen Worten war sie auch schon ins Schlafzimmer geeilt und räumte verschiedene Hosen und Blusen aufs Bett. Sie suchte ein schickes Outfit, das war sie ihrem Ego heute schuldig.

»Wow!«, war der Kommentar ihrer Nachbarin, als sie wieder in der Küche erschien.

»Empfängst du heute Herrenbesuch?«

»Stimmt zwar, hat aber damit nichts zu tun.«

Bei einer großen Tasse Kaffee besprach Anna alle Vorkommnisse und Entschlüsse des Morgens mit Sandra und konstatierte für sich selbst, dass alles rund war.

Sandra war sichtlich erleichtert über Annas Gemütszustand und lehnte sich zufrieden im Stuhl zurück.

»Jetzt erzähl du«, bat Anna. »Du hattest Neuigkeiten versprochen. Bist du schwanger?«

»Ja«, sie musste lachen, als sie Annas erstauntes Gesicht sah. »Aber mit dem Gedanken, mich selbständig zu machen.«

In Jena freute sie sich wie schon so oft über die große Anzahl exquisiter Boutiquen und ihr tolles Angebot. Sie stand vor dem Fenster eines Schuhsalons und war entzückt von diesen petrolfarbenen Stilettos. Nein, die passten ja zu nix, was in ihrem Kleiderschrank hing – oder man müsste das ändern? Sie lief weiter und stattete ihrem Lieblingsgeschäft einen Besuch ab.

Mit einem Meter vierundsiebzig und achtundsechzig Kilo netto hatte sie wirklich eine gute Figur.

Ihre Mängel konnte man nicht sehen, das machte die Mode möglich. Früher hatte sie bei Kleidergröße 44 schon mehr Probleme.

Es machte großen Spaß, in den Ständern zu wühlen, und die Verkäuferin war sofort beratend zur Stelle. Entsprechend der neuesten Mode hatte sie schnell eine Röhrenjeans gefunden, die perfekt saß. Die Verkäuferin reichte ihr noch eine Bodyform-Stretch-Hose in die Umkleidekabine. Sie war petrol mit einem Ton-in Ton Druck. Annabell verliebte sich sofort in dieses Teil.

In Gedanken kaufte sie schon voller Befriedigung die Schuhe aus dem Schaufenster nebenan.

Bei der Suche nach einem passenden Shirt oder einer Bluse wurde sie nicht fündig. Nichts hatte Ärmel, es ging auf den Sommer zu.

Ein modisches Armband mit türkis und weißen Steinen rundete den Kauf in diesem Laden ab.

Natürlich erstand sie nun die Schuhe. Sie musste wieder an Coras erstaunte Augen vor ihrem Schuhschrank denken.

Verdammt! Cora! Wo bist du bloß? Ich würde sofort alle meine Schuhe opfern, wenn ich dich damit finden könnte! »Fang nicht wieder an, darüber nachzugrübeln«, befahl sie sich.

Ablenken! »*Alle Oberteile ein Preis«* lockte ein nicht zu übersehendes Schild. Gut, zugegeben ein hoher Preis. Aber wenn die Qualität stimmte? Einen Versuch war es wert.

Mit zwei T-Shirts und einer leichten Sommerbluse in der Tüte – alles mit Ärmeln bis zum Ellenbogen- trat sie aus dem Laden. Es stimmte: shoppen macht glücklich.

Rainer hatte früher immer gefragt: »Warst du glücklich einkaufen?« Männer eben. Sie klärte ihn auf:

»Schatz, Einkaufen ist Eier und Brot. Ich war Shoppen.«

Sie brachte ihre Einkaufstüten ins Auto und lief in Richtung Stadtpark.

Ein Blick auf die Uhr sagte ihr, dass die Zeit für ein ordentliches Mittagesse bereits wieder überschritten war. Sie besorgte sich einen *Café to go* und ein großes Rosinenbrötchen.

Damit setzte sie sich auf eine Parkbank und genoss die wärmende Sonne.

Die Menschen eilten geschäftig an ihr vorüber. Bei diesem Wetter waren die meisten fröhlich. Vor allem die jungen Leute lachten unbeschwert und übermütig.

Jena ist eine Studentenstadt. Viele Pärchen bevölkerten den Park. Manche liebkosten sich hemmungslos, dass es Annabell fast peinlich war. Sie schalt sich selbst prüde.

Corinna war da ganz anders. Cora? Cora, wo bist du?

Mit innerem Zwang wollte sie an andere Dinge denken. Aber ihr Hirn hatte seine eigenen Regeln.

Plötzlich hielt sie ihre Gedanken an. Na klar, sie wusste, dass ihr irgendetwas auf dem Überwachungsvideo aufgefallen war, konnte aber nicht erkennen, was es war.

Schnell kramte sie ihr Smartphone und die Visitenkarte der Polizei heraus.

Unter der angegebenen Nummer war Kommissar Becker im Moment nicht zu erreichen.

»Kommissar Hallmackenreuther. Kann ich ihnen helfen?«

Annabell stutzte, unterdrückte nur schwer ein aufkommendes Kichern und war zudem sprachlos.

»Lachen Sie ruhig, ich bin das gewohnt. Ich freu mich immer, wenn ich Loriot-Fans treffe.«

»Entschuldigung. Das gehört sich nicht. Na wenigstens sind Sie kein Bettenverkäufer.

Eigentlich ist mir gar nicht zum Lachen. Wenn Kommissar Becker nicht zu sprechen ist, kann ich dann Frau Wendland sprechen?«

»Ich verbinde Sie mit Kommissarin Wendland.«

Anna berichtet ihr, was ihr an dem Video aufgefallen war und am Mittwoch nicht deuten konnte.

»Ich hatte ihr rote Pumps zu ihrem Streifenkleid geschenkt, was sie beim Wegfahren trug. Das hatte sie beides nicht mehr an. Wer zieht sich denn während der Fahrt um? Wieso war sie auch so spät an der Tankstelle in Schkeuditz? Sie war bei mir nach dem Frühstück – so gegen neun Uhr weggefahren.«

»Danke, Frau Ahrend, das ist sehr hilfreich. Wir brauchen jedes kleine Steinchen.«

»Hat sich denn nach dem Fernsehaufruf irgendetwas ergeben?«

»Nein. Überhaupt keine Meldung. Wir stochern noch immer ziemlich im Nebel. Danke nochmal«, damit hatte sie aufgelegt.

Sie konnte dieser Ungewissheit gedanklich nicht ausweichen. Konnte sie nur gar nichts tun?

Es war nicht fair vom Schicksal, ihr wieder solche Hürden in den Weg zu stellen.

Gerade hatte sie ihr Leben wieder einigermaßen geordnet.

Ablenken!

Sandra hatte ihr heute Morgen von ihrer Selbständigkeit vorgeschwärmt.

Das war eine fantastische Idee. Sie hatte ihr auch sofort ihre Hilfe angeboten. Mit diesen Behördengängen und Genehmigungen hatte sie einige Erfahrung.

Am Samstag wollten sie sich – Sandra, Hello und sie – zusammensetzen und die Strategie erstellen.

Ihr Kosmetikstudio sollte in Bischofs Haus eingerichtet werden. Dafür müsste im Kellergeschoss umgebaut werden. Das konnte sich Annabell gut vorstellen, der Platz ließ sich schaffen.

Auch der Zulauf eines Studios in dieser Lage sollte kein Problem sein, da es in näherer Nachbarschaft keines gab.

Sie wohnten am Rande von Rudolstadt. Die Nähe zur »Platte« in Schwarza und die vielen neuen Einfamilienhäuser in ihrem Gebiet machten ausreichend Hoffnung auf potentielle Kundinnen

(und zunehmend auch Kunden).

Annabell freute sich über die Abwechslung, die ihre Gedanken in eine ganz andere Bahn lenken konnte.

Sie hielt ihr Gesicht in die warme Sonne. Das tat Körper und Seele gut.

Seit ihrer Genesung achtete sie ganz explizit darauf, ihrem Körper Gutes zu tun.

Sie hatte eine neue Zeitrechnung – vor dem Unfall und nach dem Unfall.

Fast nichts war mehr wie vorher.

Annabells Gedanken trödelten jetzt vor sich hin. Interessiert betrachtete sie die vorbeiflanierenden Leute. Immer zog sie daraus auch Gewinn für die Charaktere ihrer Romane.

Ihre *Miranda* hatte sie zum Beispiel vor Jahren in einem Lokal kennen gelernt und war von der unbefangenen Art der kleinen, damals fünfjährigen Mona total begeistert.

Sie hatte sich sogar bei deren Mutter entschuldigt und erklärt, warum sie das Kind so offensichtlich mit Augen und Ohren verfolgt hatte.

Jetzt verfolgte sie gerade mit ihren erstaunten Blicken einen Mann, den sie fürs erste für Otto gehalten hatte. Gottseidank, er war es nicht.

Unweigerlich musste sie zeitgleich an ihre Mutter denken, die sie schon über ein Jahr nicht mehr gesehen hatte. Die Gedanken an ihre Mutter zogen ihre Stimmung sofort runter.

Weder von ihrem Unfall noch von Rainers Tod konnte die etwas wissen.

Melitta hatte sie ganz sicher nicht informiert, die hatten schon seit Jahren keinen Kontakt.

Immer hatte sie darauf gehofft, dass ihre Mutter sich auch mal bei ihr meldete, nicht wie bisher immer umgekehrt. Aber Fehlanzeige!

Ja es war richtig, dass Annabell von der Wahl ihres dritten Ehemanns – Otto – nicht begeistert war.

Aber sie konnte und wollte ihr ja auch keine Vorhaltungen machen.

Sie hätte den Kontakt aber auch nicht ganz abbrechen lassen müssen.

Annabell schaute in die fröhlich lachenden Gesichter der Menschen, die an ihrer Bank vorüberkamen. Hatten die alle keine Sorgen? Das täuscht. Sie hörte immer noch den Spruch ihrer Großmutter:

Unter jedem Dach ein Ach

Otto! Otto war ein besonderes *Ach.*

Er war der Vater von Dieter, mit dem sie von 1994 bis 1996 zusammen gelebt hatte. Von Anfang an mochte Otto sie nicht leiden und letztlich begann auch sie, ihn zu hassen.

Mit vielen kleinen Sticheleien und Boshaftigkeiten hatte er ihr das Leben schwer gemacht und Zwietracht gesät.

Er ließ keine Gelegenheit aus, Dieter zu suggerieren, sie träfe sich mit anderen Männern.

Der wurde immer eifersüchtiger und misstrauischer und hatte einen unüberwindbaren Kontrollzwang. Er richtete für sie Excel-Tabellen ein, in die sie ihm ihre Termine eintragen sollte. Ständig schrieb er auf pinkfarbene Haftetiketten »gutgemeinte« Anweisungen. Zu ihrer Freundin Sybille sagte sie: »Ich warte nur darauf, dass ich einen Zettel bekomme, auf dem steht: *wenn du weiterleben willst, musst du atmen.«* Folglich kam ihr die Situation zwischen Corinna und Axel auch so bekannt vor.

Eines Tages, als Dieter dienstlich unterwegs war, hatte sie ihre Siebensachen gepackt und war abgehauen. Sie wohnte dann fast ein Jahr bei einer Cousine, die alleinstehend war - mit drei Kindern.

Ihren Lehrerjob hatte sie gekündigt und in der Stadtverwaltung in Gera als Sekretärin des Kulturdezernents gearbeitet. Dort hatte sie Rainer kennen- und lieben gelernt.

Alle Spuren zur Annabell Volkers waren verwischt.

Allerdings hatte dann ihre Mutter ein paar Jahre später Otto geheiratet. Da war die ohnehin lose – ja fast herzlose Verbindung zu ihrer Mutter noch schwieriger geworden.

Otto hatte ihre Mutter immer als *Nutte* bezeichnet, was auch nicht ganz unzutreffend war. Aber wieso hat er sich dann schließlich wegen ihr scheiden lassen?

Egal, eigentlich interessierte sie das nicht wirklich.

Annabell war aber immer neidisch auf andere intakte Familien.

Ihre Nachbarin hatte beispielweise ein ganz inniges Verhältnis zu ihren Eltern. Sandra könnte sich das auch um Himmels Willen gar nicht anders vorstellen.

Der Glockenschlag vom Kirchturm kündete siebzehn Uhr.

In einer Stunde musste sie WinWin vom Bahnhof abholen.

Die Sonne wurde jetzt auch immer häufiger von aufziehenden Wolken verdeckt. Anna stand auf und schlenderte noch einmal zu den Geschäften. Sie wollte noch Schlafanzüge kaufen – Damenschlafanzüge.

Sie mied diesmal die teuren Boutiquen, im Bett sah sie keiner, da musste es nicht so elegant zugehen. Für sich selbst gab Annabell zu, eitel und egozentrisch zu sein, immer schon.

Das waren Wesenszüge, die sie von ihrer Mutter übernommen hatte.

Sie würde niemals ungeschminkt aus dem Haus gehen. Selbst in der Wohnung trug sie stets ein dezentes Make-up.

Das traf auch auf ihre Schwester zu. Ihr Schwager berichtete gern scherzhaft, dass Melitta sogar geschminkt im Kuhstall ihrer australischen Farm erscheinen würde.

Aber besser so, als sich gehen zu lassen, sagten die Schwestern.

Das sah man oft genug, sogar schon bei jungen Frauen. Es war Annabell ein Rätsel, wie man sich so gleichgültig gegenüber sich selbst und seiner Umgebung verhalten konnte.

Wie war sie jetzt darauf gekommen?

Gerade stand vor ihr am Kleiderständer eine junge Frau, höchstens dreiundzwanzig Jahr alt.

Sie hatte ein hübsches Gesicht, es brauchte noch keine Schminke. Aber ihr Haar hätte dringend eine Wäsche und einen Schnitt nötig gehabt. Es hing lang, zottelig und fettig auf ihre Schultern herab.

Ihre Kleidung war nachlässig. Sie war sogar modisch, passte jedoch nicht zu ihrer Figur.

Über ihren breiten Hintern und sehr strammen Oberschenkeln spannte sich eine großgemusterte Leggins. Darüber trug sie ein viel zu kurzes Spitzentop. Es war weit ausgeschnitten und ließ einen vollen, festen Busen sehen. An ihren Füßen trug sie diese Badelatschen – nein Flip-Flops hießen die.

Das ging gar nicht! Noch dazu mit halb abgeblättertem Nagellack.

Die junge Frau hatte wohl bemerkt, dass Annabell sie anstarrte. Etwas verlegen lächelnd schaute sie zu ihr: »Es ist einfach zu viel verlangt, wenn man in einem Geschäft mal eine Beratung möchte.«

Sehr spontan erwiderte Anna. »Ich würde Sie gerne mal beraten. Nur so. Und kostenlos. Im Moment bin ich knapp in der Zeit. Aber wenn sie Lust haben, rufen Sie mich doch einfach mal an.«

Damit gab sie der Kundin ihre Visitenkarte und ging lächelnd zur Kasse.

Beim Hinausgehen konnte sie noch sehen, wie die junge Frau verwundert mit dem Kopf schüttelte und die Karte in ihre Geldbörse sortierte.

Auch Annabell schüttelte mit dem Kopf. Sie hatte total aus dem Bauch heraus gehandelt. Unüberlegt.

Ein Gefühl. Aber was gab es da zu überlegen?

Sie konnte nicht wissen, dass sie eines Tages dankbar sein würde für diese Spontanität.

Es war zwanzig vor. Jetzt musste sie aber los, sonst würde sie WinWin verpassen.

Jeder, der ihre Begrüßung auf dem Bahnsteig beobachten konnte, glaubte, das langersehnte Wiedersehen eines verliebten Paares zu erleben.

Weichgespült

Ja, so fühlte sich ihr Innerstes an: weichgespült. Wie sollte sie sich sonst erklären, dass sie Rainers

Betrug so gelassen hinnehmen konnte? Dass sie nicht auf Cora wütend war?

Vor dem Unfall war sie oft aufbrausend, leicht erregbar, wenn etwas gegen den Strich lief.

Hatte sie sich während ihres langen Krankenhausaufenthaltes vorgenommen, sanfter und ruhiger zu werden? Hatte sich das von allein ergeben?

Sie konnte sich an mehrere intensive Gespräche mit einem Krankenhaus - Psychologen erinnern, mit dem sie gemeinsam positive Gedanken austauschte.

Er – und auch die anderen Ärzte – betrachteten ihre Genesung als ein Wunder, für das man dankbar zu sein habe. Dem konnte sie sich anfangs nicht anschließen.

Je mehr sie aber wieder dazulernte, ihre körperlichen Fähigkeiten zurückgewann, gesellten sich auch positive Gedanken einer zum anderen.

Doch. Sie hatte sich vorgenommen, ihre Zukunft bewusster und intensiver zu leben.

Wieder leben! *Weiter* leben!

Ein intensiver Kaffeeduft erreichte jetzt ihre Nase. Winnie hatte wohl schon für den Frühstückstisch gesorgt.

Schwungvoll verließ sie das Bett und duschte nur sehr kurz.

Sie kleidete sich in die neuen Sachen, die sie gestern erstanden hatte – einschließlich der umwerfend eleganten Schuhe.

Als sie so im Rahmen der Küchentür erschien, ließ Gottwin Winterkorn einen anerkennenden Pfiff und die Bemerkung los: »Wirklich, du bist die tollste Versuchung, seit es Schokolade gibt!«

»Danke, genau das wollte ich hören. Du bist ein Schatz! Du tust meinem Ego gut!«

»Ach was. Du tust deinem Ego selbst gut, mit solchen Einkäufen!«

Sie lachten beide.

»Ich bin sofort wieder da. Ich zieh mir nur was Hausmäßiges an. Das hier habe ich für heute Abend gedacht, wollte die Wirkung probieren.«

»Da brauch ich gar nicht erst mitzugehen. Alle Männer werden dir zu Füßen liegen.«

»Na wenn schon, es sind erfahrungsgemäß immer mehr Frauen bei den Lesungen.«

Nur wenige Minuten später knurrte sie wohlig mit einer Tasse frischem Kaffee in den Händen:

»Du bist wirklich ein Schatz, sogar frische Brötchen hast du besorgt.«

»Dein Bäcker ist ja auch gleich um die nächste Ecke. Du könntest das gern jeden Morgen haben…«

»Ach Winni! Mach´s mir doch nicht so schwer. Ich mag dich so sehr! Aber ich bin nun mal nicht mehr an Männern interessiert!«

»An Frauen etwa?«

Sie musste lachen. »Nein, alles soll bleiben, wie es jetzt ist.«

»Dabei bin ich wirklich ein ausgesprochener Märchenprinz«, gab er eindringlich zu bedenken.

Annabell hatte Angst, dass durch sein Geständnis ihre Lockerheit im Umgang miteinander verloren gehen könnte.

Sie empfand die flapsigen Gespräche mit ihm so belebend. Ihre Telefongespräche trugen immer zur Erheiterung eines Tages bei.

Das Telefon läutete. Irgendjemand gönnte ihr den wunderbaren Zustand der Entspanntheit nicht.

Am anderen Ende der Leitung räusperte sich eine Frau, Anna wusste, dass es Frau Wendland war und ihr Herz drohte auszusetzen.

Welche Art von Neuigkeit würde sie übermitteln?

Keine. Sie waren keinen Schritt weiter gekommen. Sie konnten Maximilian Kolmar nicht einkreisen. Immer, wenn sie glaubten, eine sichere Spur zu haben, entwischte er wie ein Fisch. Es war ein Kreuz mit diesen IT-Experten. Er hatte sogar falsche Spuren gelegt.

Die Kommissarin trieb nun einen Gedanken in eine ganz andere Richtung. Ob Annabell sagen könne, dass sich Corinna eventuell absetzten wollte? Weg von ihrer Familie. Ein neues Leben beginnen? Einfach abhauen?

Sie hätte es verstehen können, dachte an ihre eigene Situation vor vielen Jahren.

Gegenüber Frau Wendland gab sie aber zu bedenken, dass sie dann ja sicherlich mehr von ihren persönlichen Dingen mitgenommen hätte. In ihrem Kofferraum hatte nur eine kleine Reisetasche gelegen. Axel hatte auch nichts davon gesagt, dass eine größere Summe Geldes fehlte.

Die Kommissarin beendete das Telefonat mit dem unheilschwangeren Satz: »Nicht zuletzt müssen wir nach dieser langen Zeit auch an das Schlimmste denken.«

Cora, Cora, Cora, was ist nur mit dir geschehen?

Die beiden Autoren waren übereingekommen, ihren Tag mit der Vorbereitung ihrer gemeinsamen Buchlesung zu verbringen.

Annabell bereitete eine große Kanne Zitronenlimonade zu, die sie zur Terrasse trug.

Beide waren mit ihren Notebooks, Schreibblock und Stiften bewaffnet und machten es sich auf den Relaxliegen gemütlich.

Kaum hatten sie ihre Plätze belegt, klingelte im Haus das Telefon.

»Ich geh jetzt nicht dran. Ich habe einen AB. Wir lassen uns einfach nicht stören.«

Schon bald hatten sie ihren Arbeitsrhythmus gefunden.

Sie hatten schon einmal zusammen gelesen, ohne zu wissen, dass sich dies noch einmal wiederholen würde.

»Wenn wir das geahnt hätten, hätten wir unser Skript doch aufgehoben. Oder hast du es noch?«, wollte Gottwin Winterkorn wissen.

Anna schüttelte den Kopf. »Nein, aber so ungefähr haben wir das doch noch präsent. Nur die entsprechenden Szenen müssen wir wieder finden.«

»Sonst nehmen wir halt neue.«

Vorerst arbeiteten beide für sich allein. Auf Annas Rechner ertönte ein leises »pling« für eine eingehende Nachricht.

Sie schaute in ihrem E-Mail Postkasten nach. »Es sieht gut aus, wenn du deinen Wischmopp so oben zusammenbindest.« Und es folgten drei lächelnde Smileys.

Ihre Antwort bestand aus drei Smileys, die die Zunge herausstreckten.

Gottseidank, nichts hatte sich geändert in ihrem Umgang miteinander.

Sie sahen sich durch das Sonnenlicht blinzelnd an und lachten.

Das Leben könnte so unbeschwert sein, wenn der Druck nach Corinnas Suche nicht ständig auf ihr lasten würde.

»Es ist gleich Mittagszeit. Soll ich dir ein Spitzensandwich zubereiten, es sind doch noch Brötchen übrig?«

»Oh, gerne. Aber wieso mir. Isst du denn nichts?«

»Doch, doch, ich soll ja regelmäßig essen. Aber ich mach mir nur eine Buttersemmel mit Kakao dazu. Sicher gehe ich recht in der Annahme, dass du keinen Kakao möchtest?«

»Igitt, lieber ein Bier, wenn du hast.«

Annabell schälte sich aus ihrem Sessel und lief ein paar Schritte zum Nachbarhaus.

Auf ihr Klopfen am Küchenfenster streckte Sandra einen frischgewaschenen Kopf heraus.

»Hast du zufällig ein Bier übrig, für meinen Herrenbesuch?«

»Auch zwei, wenn´s gewünscht wird!«

»Lieber zwei, Winni?«

»Bin doch kein Säufer. Nein, eines wäre perfekt.«

Der Deal wurde abgeschlossen. »Danke, du bist ein Schatz. Ich gleiche das heute Abend aus.«

Gottwin schüttelte angewidert den Kopf, als er zuschaute, wie Annabell ihre Buttersemmel in den heißen Kakao tunkte. »Das ist ja ekelig. Da schwimmt dir doch das ganze Fett in der Tasse…!«

»Herrlich, man muss nur aufpassen, dass man nicht zu lange wartet. Sonst bricht die Semmel ab und schwimmt ganz darin. … Mist, schon passiert!«

Sie fischte mit einem Löffel den durchgeweichten Brei wieder heraus und steckte ihn genüsslich in den Mund.

Winni drehte ihr demonstrativ den Rücken zu.

»Hast du eigentlich mal abgehört, wer dich vorhin angerufen hat?«

»Ich hab das Telefon mit rausgebracht, das musst du dir anhören: »Wo steckst du denn nur, zum Donnerwetter! Ich habe schon paar Mal versucht, dich zu erreichen! Stell dir vor, die Tussi von der Polizei ist jetzt auf den Wahn verfallen, dass Cora abgehauen ist. Von zu Hause wegwollte. So ein Blödsinn! Sicher hat Cora dir doch erzählt, wie glücklich wir sind? Sag das der blöden Schnalle! Und ruf mich zurück!«

»Na also, wie geht der denn mit dir um?«, wollte Winni empört wissen.

»Er glaubt halt, es sei alles meine Schuld. Ich rufe ihn nicht zurück. Da kann er lange warten.«

»Hast du eigentlich aktuell was in Arbeit? Der *Grüne* nervt permanent, ich soll ihm den dritten Teil vom *Paradies* schicken. Er meint, wenn meine Romane gerade so gut laufen – auch die früheren -, sollten wir das ausnutzen.«

Sie hatten mit Thomas Gründonner beide den gleichen Verleger.

»Ja, ja. Der nervt ja beständig. Ich habe aber zurzeit ein Angebot für ein Drehbuch zu einem Dreiteiler. Da wollte ich dich ohnehin fragen, ob du Lust hättest, dass wir das gemeinsam angehen?«

»Da muss ich dir einen Korb geben, hab keine Zeit und auch keinen Kopf frei dafür.«

»Wir hätten Zeit bis Ende März – für den ersten Teil.«

»Na dann! Wir machen das so: Du besuchst mich in Australien – für mehrere Wochen oder Monate – und da starten wir das Projekt.«

»Das klingt vernünftig und sehr verlockend! Es hat sicher keinen Zweck, wenn ich dich noch einmal frage…«

»Nein! Keinen Zweck!«

Sie arbeiteten weiter und steckten dann die Köpfe zusammen über dem gemeinsamen Projekt.

Es würde wieder klappen, sie waren recht optimistisch.

»Mit Göran könnte ich sowas nicht bringen. Der ist doch in seiner Art sehr arrogant«, meinte Annabell.

Gottwin war um eine Antwort verlegen und druckste ein wenig. Schließlich entschloss er sich zu der Bemerkung: »Du weißt schon, dass du bei anderen auch so rüberkommst?«

Erschrocken schaute Anna ihn an. »Ist das so? Meine Güte! Ja, aber ich glaub ´s, wer mich nicht kennt… Ich sollte auch *daran* arbeiten.«

»Können wir heute Abend mit dir fahren?«, rief Sandra gerade aus dem Fenster.

»Ja klar, wir müssten gegen Viertel nach vier losfahren!«

»Geht klar, wir sind bereit.«

Anna hatte sich gerade aus ihrem Sessel erhoben. Die Situation war ihr ein wenig peinlich aufgrund Winnis Bemerkung. Da klingelte schon wieder das Telefon.

»Wenn das wieder Axel ist, gehe ich nicht dran.«

Es war nicht seine Nummer, sie meldete sich.

»Hier ist Elisabeth. Du erinnerst dich? Die Freundin deiner Mutter.«

»Ach ja, Lieschen, wie geht es dir?«

»Mir geht es gut, ich rufe wegen deiner Mutter an. Sie hatte einen schweren Autounfall und liegt im Krankenhaus. Otto ist tot. Du musst sie besuchen!«

Ein déjà-vu. Kann es sein, dass ihrer Mutter das Gleiche zustieß wie ihr vor einem Jahr? Hatte sie das richtig gehört oder womöglich Zusammenhänge in ihrem Kopf projiziert?

»Was hast du gesagt? Sie sind verunglückt? Otto ist tot? Das kann doch nicht sein. Das ist doch *mir* passiert – vor einem Jahr.«

»Wie jetzt, ich verstehe nicht, was du meinst. Deine Mutter liegt hier in Gera im Krankenhaus und du solltest sie verdammt nochmal besuchen. Eure Unstimmigkeiten hin oder her. So, ich hab dir ´s gesagt.

Ich kann nur hoffen, dass du nicht so stur bist!«

Sie gab Annabell gar nicht die Chance zu einer Erwiderung, sie hatte ärgerlich aufgelegt.

Völlig blass im Gesicht und mit wirrem Blick schaute sie Winni an.

»Meine Mutter liegt im Krankenhaus und Otto – mein Albtraum ist tot. Da muss ich morgen früh nach Gera fahren. Nein, früh ist sicher kein guter Gedanke, da sind immer Visiten. Ich werde gegen Mittag fahren.«

In Gedanken versunken räumte sie ihre Unterlagen zusammen und brachte sie ins Haus. Gottwin hatte nichts dazu gesagt, sie hatte auch keinen Kommentar erwartet.

Er nahm sie nur jetzt still in den Arm: »Dir bleibt aber auch nichts erspart. Wann kannst du endlich wieder *dein* Leben leben!«

»Ich muss nur eben noch wenigstens eine mail an meine Schwester schicken, und an meinen Vater«, sinnierte sie.

»Mach das doch besser, wenn du sie im Krankenhaus gesehen hast und mehr weißt«,

schlug Winni praktischerweise vor. Er hatte Recht. An der Tatsache konnte sie nichts ändern und helfen würde jetzt ein aufgescheuchtes Huhn auch nichts.

»Wir schaffen den heutigen Abend und morgen ist ein neuer Tag«, tröstete er.

Auf dem Weg in die Neustädter Buchhandlung konnte sie mit Sandra ihren gemeinsamen Kosmetik-Salon - Projekttermin auf den Sonnabendabend verschieben. Das machte keinen Unterschied.

Mit Paul verabredete sie sich für den gesamten Sonntag.

Seine Eltern wollten zur »Business-Messe« nach Erfurt. Das war Gelegenheit für ihre Englisch Übungen. »Du kannst mir gut dabei helfen, endlich meine *to-do-Liste* für meine Ausreise fertig zu

stellen.

Auf dem Parkplatz der Neustädter Buchhandlung ärgerte sie sich darüber, dass der Reporter der Lokalzeitung sie dabei fotografierte, wie sie gerade ihre Ballerinas in High Heels wechselte.

Die Ballerinas trug sie immer beim Fahren. Die High Heels benötigte sie für ihr Selbstbewusstsein.

»Warum ärgerst du dich? Das ist ein gutes Motiv für die Zeitung, es macht dich *menschlich«,* raunte ihr Gottwin zu.

»Denkst du, mein Outfit heute ist zu … arrogant?«, zischte sie ihm zu.

»Das hat dich aber doch getroffen. Nein, es ist super, ich hätte es dir sonst gesagt. Es war auch mehr als *unnahbar* gemeint. Es betrifft auch nur (höchstens – und nur manchmal) die Wirkung auf Männer. Frauen schätzen es meist, wenn andere schöne Frauen elegant und durchgestylt daherkommen. Auch Frauen drehen sich nach anderen Frauen um.«

»Ja, du Frauenkenner. Das stimmt. Auch ich blicke gutaussehenden Menschen gern hinterher – ob nun Mann oder Frau. Ich finde nämlich, dass jeder etwas Wert auf seine äußere Erscheinung legen sollte.«

»Werde ich denn dann deinen Maßstäben überhaupt gerecht?«

Sie puffte ihn liebevoll in die Seite. »Na, kann man so durchgehen lassen. Nein, im Ernst. Du bist ein schöner Mann. Schade dass ich nichts von dir will.«

Den letzten Satz hatte Sandra gehört und sich vorgenommen, Annabell unbedingt darauf anzusprechen, wenn sich die Gelegenheit ergeben würde.

Da noch Zeit war bis zum Beginn der Vorlesung, setzten sich die vier auf eine Gartenbank vor dem Schaufenster.

Die Luft war noch herrlich warm. Seit April war die Wetterlage durchgehend zu mild, die Eisheiligen hatten vergessen, zu erscheinen. Die Rapsfelder standen in voller Blüte und ihr Nachbar Scheidig hatte als Imker schon seinen ersten Bienenschwarm einfangen müssen.

Der Rasen war von einem frischen Grün, dass es fast unecht wirkte.

Es hatte in den letzten beiden Tagen – besser in den Nächten geregnet – so dass alles sauber gewaschen erschien. Ein großer Ginsterstrauch streckte neben der Bank seine Zweige wie Fühler zu den Sitzenden, als wollte er unbedingt seinen angestammten Platz verteidigen.

»Es ist so schön hier draußen, macht doch eure Lesung hier«, schlug Sandra vor.

»Nein, es genügt, wenn wir hier draußen schon mal ein Autogramm bekommen«, bemerkte eine Besucherin auf dem Weg in die Buchhandlung. Sie hielt Annabell die zwei Bände vom »Paradies« hin: »für Cordula, bitte.«

Zwei weitere Damen nutzten ebenfalls die Gelegenheit. Eine von ihnen erkannte auch Gottwin Winterkorn und stutzte etwas. Er half ihr aus der Verlegenheit:

»Ich bin heute Ersatzspieler, ich springe für Göran Upsold ein. Aber lasst uns jetzt auch hineingehen.«

Gutgelaunt, fast übermütig suchten die vier nach einem italienischen oder griechischen Restaurant.

Sie wollten den Abend gesellig ausklingen lassen und die Buchlesung auswerten.

Bei einem Italiener ganz in der Nähe fand jeder auf der Karte sein bevorzugtes Menü.

Gleich zu Anfang stellten die beiden Autoren klar, dass sie die Zeche – jeder zur Hälfte – bezahlen würden.

»Also, hab keine Hemmungen. Schlag richtig zu«, munterte Winni seinen jungen Tischnachbarn auf.

Paul hatte zögerlich die Blicke zwischen seiner Speisekarte und seiner Mutter schweifen lassen.

Sandra nickte ihm zu: »Bestell, was immer du magst.«

Es würde eine geraume Weile dauern, bis das Essen käme, erklärte der liebenswürdige Kellner in einem gestelzten Hochdeutsch. Alles wäre komplette frische und köstliche.

Er brachte mit den Getränken schon einen Korb mit Baguette und herrlichen Brotaufstrichen zur Überbrückung.

»Iche bestelle meine Pizza wieder ab, iche halte mich hieran, dasse ist köstliche«, muffelte Sandra mit vollem Mund.

»Ist das üblich, dass zwei Autoren aus zwei verschiedenen Romanen abwechselnd und gleichzeitig lesen und so tun, als wäre es eine Geschichte?«, wollte Paul wissen. »Die Zuhörer waren ja total begeistert.«

»Nein gar nicht«, erklärte Gottwin. »Wir haben das aber schon einmal erfolgreich praktiziert. Die Leute hatten damals auch viel Freude daran, deshalb haben wir das heute wiederholt.«

»In den seltensten Fällen lesen auch zwei Autoren an einem Abend. Meist ist man allein. Das geht auch nicht mit jedem Partner«, fügte Annabell hinzu.

»Da muss es schon eine tiefe Zuneigung geben«, grinste Winni und Anna stieß ihm den Ellbogen in die Seite.

»Seid ihr ein Liebespaar?«, fragte Paul ungeniert und Sandra blieb ihr Weißbrot fast im Hals stecken.

Anna lachte. »Sieht es so aus, ja? Ich liebe ihn wirklich, aber nur als Freund.«

»Ja leider. Ach, mein Junge, da ist so vieles, was du über Frauen lernen musst, bevor du mal erwachsen bist. Sogar Experten sagen, man könne niemals lernen, Frauen zu verstehen.«

Und zum Beweis erzählte er: *Ein Autofahrer hat nur durch eine gefährliche Notbremsung verhindern können, dass ein Frosch überfahren wurde. Der Frosch war ihm zutiefst dankbar und gewährte ihm einen Wunsch. Der Mann, der an Flugangst litt, wünschte sich eine Brücke über den Atlantik – vierspurig.*

»Das ist unmöglich!«, meinte der Frosch. »Hast du nicht noch einen anderen Wunsch?«

»Dann lehre mich, die Frauen zu verstehen.«

Der Frosch grübelte erst kurz und fragte dann: »...äh... Wie breit soll die Brücke werden?«

Paul lachte und meinte, Frauen würden ihn sowieso nicht interessieren und er glaube nicht, dass sich das einmal ändert.

Seitenstiche

»Wo bleibt denn Annabell? Sie ist doch immer pünktlich?« Hello schaute auf die Küchenuhr und wunderte sich, dass bei der Nachbarin alles dunkel war und sie offensichtlich ihr Projekttreffen vergessen hatte.

»Als ich vorhin mit Torsten und Benny auf der Straße Fußball gespielt habe, lief sie in Richtung Parkanlage. Sie erschien mir zerstreut, hat kaum zurückgegrüßt«, konnte Paul berichten.

Sandra nahm besorgt eine Jacke vom Haken. »Ich schau mal, ob ich sie finde. Sie war heute bei ihrer Mutter im Krankenhaus…«

»Es regnet in Strömen, sicher ist sie doch zu Hause und hat es nur vergessen. Ruf halt erstmal auf ihrem Handy an.«

Hello hatte Recht. Seit einer halben Stunde war der Regen immer stärker geworden, da hält man sich nicht draußen auf, wenn man nicht muss.

Aber Anna ging nicht ans Telefon, nur der Anrufbeantworter.

»Ich gehe«, sagte Sandra unruhig. »Ich nehme den Schirm mit.«

Sehr weit musste Sandra gar nicht laufen, da sah sie das Häufchen Unglück auf einer Bank sitzen.

Ohne Schirm, ohne Kapuze. Die Haare waren völlig durchnässt und hingen ihr in Strähnen ins Gesicht. Ihre Kleidung klebte an ihrem Körper, der rhythmisch zitterte.

»Bist du verrückt? Du holst dir den Tod!«, schrie Sandra sie an.

Annabell hob ihr Gesicht zu ihr auf und nuschelte: »Schon egal. Es spielt doch keine Rolle.«

Sandra war entsetzt. Sie konnte in dem nassen Gesicht nicht ausmachen, was Tränen und was Regentropfen waren. Die Augen blickten entsetzt, so als hätte sie in einen tiefen Abgrund geschaut.

»Was machst du nur? Wieso hockst du hier, bei diesem Wetter?«

Sandra setzte sich auf die Bank neben die Freundin und spürte sofort, wie die Nässe ihre dünne Hose durchdrang.

Es war irgendwie gespenstig. Der Regen traf auf die aufgeheizte Erde und verdunstete in wabernden Nebelfetzen. Die Sonne schaffte es nicht, durch die Regenwolken zu dringen und man ahnte mehr ihren Schein, als dass man ihr Licht sah.

»Komm mit nach Hause, du gehörst in die Wanne!«, bestimmte Sandra kategorisch.

Sie hatte auf dem Handy ihren Mann erreicht und ihm kurz mitgeteilt, dass sie Annabell gefunden hätte und sich erstmal die nächste Stunde um sie kümmern würde.

Annabell ließ sich wortlos und ohne Widerstand nach Hause führen. Sie trottete neben Sandra her, sie zitterte, gähnte und war völlig teilnahmslos. Vor der Haustür gab sie ihren Schlüssel her und ging neben der Freundin hinein.

»Ich lass dir ein Bad ein und hole dir dann etwas zu essen und zu trinken. Wann hast du heute das Letzte gegessen?«

»Mit Winni, Frühstück.«

»Na prima! Hast du mir nicht mal erklärt, dass du regelmäßig wenigstens kleine Mahlzeiten zu dir nehmen musst? Du bist bestimmt auch noch unterzuckert! Wo ist dein Messgerät?«

Annabell funktionierte wie ein Automat. Sie griff im Bad in eine Schublade, um ihr das Blutzucker-

Messgerät zu geben.

Der gemessene Wert lag bei 2,6 mmol/l. Schnell mixte Sandra in der Küche ein Glas Zuckerwasser und flößte es ihr ein. »Jetzt zieh dich aus und setz dich in die Wanne, wenn es nicht besser wird mit deinem Zittern und den Werten, rufe ich den Notarzt«, drohte sie.

Sie kannte Annabells Aversion gegen erneute Krankenhausaufenthalte nur zu gut.

»Ich möchte mich nicht… ausziehen«, stammelte Anna.

Sandra verstand es falsch. Sie glaubte, sie wolle die Kleidung nicht ausziehen, weil sie Angst hatte, dann noch mehr zu frieren.

»Aber die Sachen sind durch und durch nass. Die müssen runter!« Sie wollte schon Hand anlegen.

Erschrocken hob Annabell beide Hände. »Nein! Ich will nicht…! Ich will nicht, dass du mich nackt siehst!«

Jetzt war Sandra verlegen. »Ich wusste gar nicht, dass du ***so*** prüde bist. Wir waren früher schon mal zusammen nackt schwimmen, in der Saale.«

»Das war vor meinem Unfall«, lallte Anna mit großer Anstrengung.

»Ach jetzt verstehe ich das! Es geht um deine Hautfalten, die aufgrund deiner starken Abnahme verblieben sind. Sei nicht albern, ich hab sowas schon mal gesehen.«

Sie schüttelte den Kopf und Annabell schämte sich. Sie zog sich wortlos aus und stieg in die Wanne.

Sandra hielt sie vorsichtshalber stützend, vermied aber demonstrativ, sie direkt anzuschauen.

»Entschuldige bitte, ich bin wirklich zu doof. Du willst mir helfen und ich stoße dich so vor den Kopf.«

Anna war zerknirscht. »Ich weiß nur im Moment nicht, ob ich wirklich so weiter leben will. Alles schlägt wie eine große Welle über mir zusammen.«

Sie begann wieder, schluchzend zu weinen und Sandra legte sanft den Arm um ihre Schultern.

»Erzähl, wenn du möchtest, ich habe Zeit. Aber erstmal geh ich in die Küche und mach dir etwas zu essen zurecht. Davor misst du nochmal deinen Blutzucker.«

Sie sah frisch und erholt aus, wie sie so aus dem Badeschaum herauslugte.

»Danke, du hast mich mal wieder vor einer großen Dummheit bewahrt.«

Sandra winkte ab und hielt stattdessen ein Glas Rotwein hoch: »Darf ich?«

»Ja natürlich. Ich nicht?...«, setzte sie zaghaft nach. »Mein Wert ist jetzt 4,8 mmol.«

»Nein, du nicht, hier ist Butterbrot und Kakao, der stand auf dem Schrank.«

»Ja, danke. Damit habe ich gestern den WinWin geschockt.«

Annabell aß in der Wanne mit großem Genuss ihr Butterbrot und trank den heißen Kakao. Sandra hatte sich auf dem Toilettendeckel eingerichtet. Sie war froh, dass die Gefahr vorüber war.

»Weißt du«, begann Annabell zögerlich »ich war doch heute Mittag in Gera, im Krankenhaus bei meiner Mutter. Die hat es ganz schön schlimm erwischt.

Sie war mit Otto unterwegs und sie war der Fahrer. Als Otto etwas vom hinteren Sitz für sie holen sollte, schaute sie ebenfalls nach hinten und krachte so unachtsam auf einen vorausfahrenden LKW.

Hinter ihr konnte ein PKW nicht rechtzeitig bremsen und fuhr ebenfalls auf. Er schob den Wagen meiner Mutter noch weiter unter den LKW. Otto verstarb noch am Unfallort und meine Mutter musste aus dem demolierten Auto geschweißt werden. Sie lag lange Zeit im Koma. Ihr Allgemeinzustand ist jetzt wieder stabil. Es steht aber fest, dass sie wohl nie wieder laufen kann – also Rollstuhl.

Wir hatten über Jahre kein besonders gutes Verhältnis. Mit meiner Schwester hat sie gar keinen Kontakt mehr – seit sie nach Australien ging. Ich hatte wenigstens versucht, sporadisch die Verbindung aufrechtzuhalten. Aber von Seiten meiner Mutter kamen da keine Aktivitäten.

Du weißt, dass ich den Otto nicht leiden konnte, das hat natürlich erschwerend dazu beigetragen.

Na ja, lange Rede gar kein Sinn: sie war der verkörperte Vorwurf, wie sie da so in ihrem Bett lag.

Es würde ja nun auch mal Zeit, dass ich mich endlich kümmere. Das kam von Lieschen, der Freundin meiner Mutter, die auch an ihrem Bett gluckte.

Ich gab zaghaft zur Rechtfertigung an, dass ich selbst Schlimmes durchgemacht hätte. Aber das ließ man nicht gelten. Meine Mutter meinte, es hätte sich in meinem Leben immer alles nur um mich gedreht und für anderer Leute Sorgen hätte ich nie ein Ohr gehabt.

Ach Sandra, die beiden haben mich so runtergemacht, ich war soo klein und gedemütigt, dass ich erstmal ganz verstummte.

Was denn nun werden sollte, wenn sie aus dem Krankenhaus entlassen würde? In ein Pflegeheim ginge sie auf keinen Fall. Sie sei 72 Jahre und hätte keine Lust, den ganzen Tag mit alten Weibern zu verbringen.

Ich resümierte nur, dass ich verstehen könne, dass man nach solch einem Ereignis wütend wäre auf alle Welt. Aber ihr Verhalten sei feindselig und ich wäre nicht bereit, mich von ihr so beschimpfen und runterziehen zu lassen.

´Na klar, mach du nur mit deinem tollen Ehemann weiter auf heile Welt. Die anderen können ja sehen, wo sie bleiben!´ , waren die letzten Worte, die ich mir anhörte.

Ich stand auf, schaute sie bedrückt an und sagte: ´Nur zur Vollständigkeit; ich hatte im vergangenen Jahr selbst einen schweren Unfall. Rainer ist tot und ich werde Ende des Jahres nach Australien auswandern.´

Damit schlug ich die Tür von außen kraftvoll zu.«

Sandra hatte entsetzt zugehört. »Mein Gott. Du hast ja immer von eurem gespannten Verhältnis berichtet. Aber so was kann – und will – ich mir gar nicht vorstellen!«

»Na ja, und jetzt mache ich mir Vorwürfe, ob ich nicht doch zu herzlos war. Sie ist schließlich meine Mutter und jetzt gänzlich auf sich allein gestellt.

Wenn ich mich ins Ausland verdufte, ist gar niemand mehr da.

Außerdem ist auch das Verschwinden von Corinna nicht geklärt. Das beschäftigt mich jeden Tag beim Erwachen und beim Einschlafen. Ich gebe mir doch eine große Mitschuld.

Axel hatte nicht Unrecht.

Und die letzten zwei Tage, als WinWin hier war, habe ich wieder so deutlich gemerkt, wie sehr mir Rainer fehlt. Ich vermisse seinen Duft – seine männliche Aura. Ich vermisse seine Unordnung, seinen Sarkasmus und seine starke Schulter. Es ist ja gerade mal ein Jahr nach dem verdammten Unfall. Ich kann so nicht weiter leben.« Ihre Tränen liefen wieder und sie schniefte.

Sandra streichelte ihr über ´s Haar, was könnte sie sonst tun?

»Winni ist so ein Schatz und er mag mich – mit eindeutigen Angeboten. Aber ich kann nicht. Ich bin nicht fähig, eine neue Verbindung einzugehen. Sicher nie wieder.

Mit Rainer war alles so vertraut, so harmonisch. Abgesehen von seiner Affäre mit Cora, die ich ihm verziehen habe. Denn auch daran bin ich nicht ganz unschuldig.«

Überrascht zog Sandra fragend eine Augenbraue hoch.

»Das ist eine gesonderte Geschichte – abendfüllend. Und dann noch das hier!« Sie hob ihren Arm aus dem Wasser und zeigte auf den wabbeligen Oberarm. »Dabei mach ich schon dauernd Muskelaufbautraining.«

Sandra nahm liebevoll Annabells Gesicht in beide Hände. Sie strich ihr mit den Daumen die Tränen weg und sagte eindringlich: »Du hast deswegen keinen Grund zur Verzweiflung. Du bist nach wie vor eine attraktive Frau. Deine *Mängel* sieht gar keiner. Außerdem könntest du das operativ entfernen lassen, am Geld scheitert es da wohl weniger. Du hast einfach zu viel Angst vor neuen Krankenhausaufenthalten, oder?«

»Ja, ja, da hast du Recht. Freiwillig gehe ich in keine Klinik mehr!«

Sie schälte sich langsam aus dem Wasser. Sandra hielt ihr den Bademantel hin.

»Kann ich dich jetzt alleine lassen? Guten Gewissens?« Sandra zögerte.

»Natürlich. Ich danke dir. Du hast dich wieder viel zu viel um mich gekümmert. Es ist schon richtig, wenn meine Mutter sagt, alles müsse sich immer um mich drehen.«

»Am besten nimmst du ausnahmsweise mal eine Schlaftablette und gehst zeitig schlafen«, riet ihr die Freundin noch auf dem Weg zur Tür.

Bevor sie in ihr Schlafzimmer ging, wählte sie noch die Kurznummer ihrer Nachbarin:

»Ach Sandra, ich bin dir so unendlich dankbar«, schluchzte sie in den Apparat.

»Wofür das denn?«

»Für deine vielen Liebesdienste – Post sichten, Blumen gießen. Dass du meine Launen erträgst und in brenzligen Situationen immer für mich da bist, für…«

»Einfach dafür, dass es mich gibt!?«

»Ja genau. Ohne dich wäre ich verloren.« Schnell legte Anna auf, weil ihr der Ausbruch peinlich war.

Annabell befolgte ihren Rat mit der Schlaftablette und war auch nach kurzer Zeit schon im Reich der Träume.

Ein Sonntag wie noch nie

Mit neuer Lebensenergie begrüßte Annabell den erwachenden Tag. Im Zimmer war es sehr warm, die Sonne hatte schon eine intensive Kraft.

Ein Blick auf die Uhr ließ sie erschrocken aus dem Bett springen.

Sie war für zehn Uhr mit Paul verabredet. Jetzt war es schon halb.

Sie riss das Schlafzimmerfenster weit auf und war erstaunt, dass die Nässe der gestrigen Regengüsse schon fast abgetrocknet war. Das würde ein sehr sonniger Frühlingssonntag werden. Keine Wolke war am Himmel zu sehen.

Schnell geduscht und nach kurzem Frühstück im Stehen erwartete sie ihren kleinen Nachbarn.

»Ist es o.k. heute? Oder lieber nicht?«, rief er gleich darauf zum Küchenfenster herein, wo er sie beim Aufräumen ihres Geschirrs sehen konnte.

»Komm rein, ich warte schon auf dich!«

Wie bereits an vielen anderen gemeinsamen Englisch-Tagen wappneten sie sich mit Wörterbüchern und Schreibmaterial, um damit auf der Terrasse ihr Büro aufzuschlagen.

Ein großer Krug Erdbeerlimonade mit viel Eis und Pauls Lieblingskekse standen ebenso parat.

Paul spannte die Sonnenschirme auf und zog seine Jacke aus. »Das wird heute bestimmt ein heißer Tag. Da hätte ich keine Lust, zu einer Messe zu gehen.«

Er war froh, dass er an dieser strapaziösen Fahrt nicht teilnehmen musste.

Sie kamen mit ihrem Projekt *»Was braucht ein Ausländer im Ausland?«* sehr gut zurecht.

Dabei hatten sie, wie immer, viel Spaß. Da ihnen oft die gesuchten Worte nicht einfielen – sie sprachen grundsätzlich nur englisch, wurde nach Ersatzvokabeln gesucht, die oft lustige Redewendungen ergaben. Das Wörterbuch kam erst zum Einsatz, wenn man gar keine andere Lösung fand. Sie hatten beide Spaß an dieser Konversation.

Sie verbrachten den ganzen Tag sehr ereignisreich.

Als Annabell am späten Nachmittag die Englisch-Lektion bei einer guten Tasse Kaffee - für Paul eventuell Kakao – beschließen wollte, bekam sie einen Korb.

Stattdessen bat er sie, ihren Computer zum Schreiben eines Aufsatzes benutzen zu dürfen.

So ließ sie sich mit ihrer Tasse in ihrem Lieblingssessel im Wohnzimmer nieder. Auf dem Tisch stand ein großer Strauß der schönsten dunkelroten Pfingstrosen. Es war eine besonders frühe Sorte aus ihrem Garten. Seit zwei Tagen fielen schon einige Blätter aus und lagen verstreut auf der Tischdecke. Absichtlich räumte sie die wie vom Blumenstreumädchen fallengelassenen Blüten nicht weg. Es schien, als hätte eine Geisterhand sie gerade so arrangiert.

Sie hatte am Morgen die Außenjalousie heruntergelassen, um die Wärme abzuweisen.

Jetzt stellte sie die Lamellen so, dass die Sonnenstrahlen in breiten goldenen Streifen über Teppich und Möbeln lagen und im Zimmer eine ruhige, anheimelnde Atmosphäre entstand.

Sie erinnerte sich daran, wie auch Rainer diese Momente, diese Stimmung liebte.

Anna blickte an die Zimmerdecke und flüsterte: »Verzeih mir wegen gestern. Ich war soo blöd. Es soll nicht wieder vorkommen. Aber du fehlt mir so sehr, gerade jetzt.«

Erneut liefen auch wieder Tränen über ihre Wangen.

»Haben Sie etwas gesagt – zu mir?«, wollte Paul wissen, der besorgt vom Büro herüberkam. Er sah auch ihre Tränen.

»Nein Paul, manchmal führe ich Selbstgespräche. Mach einfach weiter, lass dich nicht stören.«

»Dusselige Kuh!«, schimpfte sie sich selbst und musste lachen.

Annabell genoss das Licht, die Wärme, die Stimmung. Sie legte eine CD auf und dachte beruhigt über ihre Situation und die bevorstehenden Herausforderungen nach.

Fast tat es ihr nun leid, Rainers Schlafanzüge entsorgt zu haben. Sie musste sogar über einen Gedanken, der sich ihr ohne ihr Zutun aufdrängte, lachen. Die Pyjamas hatten nichts mit Corinna zu tun. Bei ihr hatte er sie sicher nicht getragen, da war er wahrscheinlich eher nackt.

Ach Himmel! Was ist nur mit Corinna? Es gibt auch keine Meldungen von der Polizei.

Da fiel ihr ein, dass schon gestern Abend der Anrufbeantworter geblinkt hatte.

Nein, auch jetzt wollte sie nichts von der Außenwelt wissen. Sie ließ ihn weiter blinken.

In der Zwischenzeit hatte Paul einen Aufsatz geschrieben, den er völlig außer der Reihe und freiwillig in der Schule abgeben wollte. Mit so etwas konnte man seine Zensuren aufbessern und ihm war das heute ein Bedürfnis.

Ein Sonntag wie noch nie

Heute war herrlicher Sonnenschein. Ich saß den ganzen Tag mit meiner Nachbarin auf der Terrasse und habe Eng-

lisch geübt. Wir machen das öfters mal. Wir sprechen dann nur englisch, denn sie will am Jahresende nach Australien auswandern. Ich übe mit ihr, denn ich bin ja sehr gut in Englisch.

Eigentlich ist sie schon ziemlich alt. Sie wird dieses Jahr fünfzig.

Wenn es ihr gut geht, ist sie sehr nett und lustig. Sie hatte aber voriges Jahr einen schweren Autounfall. Dabei ist ihr Mann gestorben und manchmal fühlt sie sich auch nicht so gut.

Meine Mutter ist ihre Freundin, sie hilft ihr oft.

Sie zieht sich immer ziemlich verrückt an. Mama meint, das steht ihr gut, sie sei etwas »extravagant«. Mein Papa sagt, sie sieht chic aus.

Davon verstehe ich sicher noch nichts.

Wir hatten heute ziemlich viel Spaß miteinander, denn es ging ihr gut.

Zum Mittagessen haben wir zusammen gekocht. Ich habe das Gemüse geputzt und geschnippelt.

Ich hatte ihr vorgeschlagen, wir kochen »Irish Stew«. Davon hatten wir im letzten Englisch Unterricht gesprochen. Sie meinte aber, sie kennt »Irish Stew« nur als Line Dance, sie tanzte mir den sogar in der Küche vor.

Dann haben wir bei »chefkoch.de« nach dem Rezept gegoogelt. Sie hatte aber kein Lammfleisch.

Unser Gemüsetopf war aber auch sehr lecker.

Wir haben uns nachmittags wieder auf die Terrasse gesetzt und mit ihrem Auswanderungsplan weiter gemacht.

Da wurde der Himmel plötzlich dunkel und es gab ein seltsames Rauschen. Über uns zog eine dunkle Wolke vorbei und direkt auf den großen Birnbaum in unserem Garten zu.

Frau Ahrend wusste, dass das ein Bienenschwarm war, sie hatte sowas schon mal gesehen.

In unserer Nachbarschaft wohnt ein Imker. Dem sollte ich Bescheid sagen, sicher gehörten die Bienen ihm.

Herr Scheidig ist direkt mit mir zurückgelaufen. Er hatte eine Holzkiste mit Deckel und eine Luftpumpe mitgenommen. Er wollte sich den Schwarm erst einmal anschauen. Nicht jeden würde er aus dem Baum holen, wenn er ungünstig hängt, ist das oft viel zu gefährlich. Aber er sagte, dass es eine alte Bauernweisheit gibt: »Ein Schwarm im Mai ist wert ein Fuder Heu.«

(Ein Fuder ist eine Wagenladung.)

Wir gingen dann zu dritt in den Garten zu dem Birnbaum. Es war sehr interessant, zu sehen, wie die Bienen aufgeregt um einen Ast herumschwirrten und sich schließlich daran niederließen. Sie hängten sich an die Anderen und ergaben eine längliche Traube.

Herr Scheidig nahm die Pumpe – es war gar keine Luftpumpe, diese war mit Wasser gefüllt – und spritze damit auf den Bienenklumpen. Das verhindert, dass sie wieder wegfliegen.

Er wollte noch ′ne halbe Stunde warten, bis er den Schwarm »einschlägt«. Dann sind auch die restlichen Bienen noch dazugekommen.

Wir haben ihn natürlich über alles befragt und er hat erzählt, dass Schwärme nicht außergewöhnlich sind, bei einem Imker. Nur noch nicht so früh im Jahr. Aber es war ja schon lange so warm und alles blüht, wo die sich Nektar holen können. Wenn es viel »Tracht« gibt, sorgen die Bienenvölker für immer mehr Nachwuchs, um alles ernten zu können.

Wenn dann ein Bienenvolk zu stark wird, bereiten sie selbst eine Trennung in zwei Völker vor.

Es wird eine neue Königin großgezogen, die dann im Bienenstock zurückbleibt. Die alte Königin fliegt mit einem großen Teil vom »Hofstaat« weg, um sich eine neue Unterkunft zu suchen.

Das war unser Schwarm. Herr Scheidig sagt, dass der Imker, wenn er sehr aufmerksam ist, bemerken kann, wenn das Volk so etwas vorhat. Er kann den Schwarm dann vermeiden, indem er einfach Bienenwaben und die neue Königin in eine andere Bienenbeute tut und so selbst zwei Völker geschaffen hat.

Das alles ist ungeheuer interessant. Herr Scheidig will mich zuschauen lassen, wenn er den Schwarm in sein Bienenhaus einziehen lässt. Auch im Sommer beim Honigschleudern darf ich dabei sein und mir mein eigenes Glas Honig mitnehmen.

Vielleicht werde ich Imker, wenn ich groß bin, und nicht Pilot. Mal sehen.

Herr Scheidig sagt, bei den Imkern fehlt der Nachwuchs und der ist ungeheuer wichtig.

Albert Einstein hätte gesagt: »wenn die Bienen aussterben, stirbt vier Jahre später der Mensch.«

Nach einer halben Stunde ging Herr Scheidig wieder zu dem Schwarm. Er hatte für alle Fälle einen Hut mit Schleier angezogen. Die Holzkiste hielt er ohne den Deckel direkt unter die Bienentraube und schlug mit einem Stock gegen den Ast. Wie ein nasser Lappen fiel die Traube in einem Stück in die Kiste. Er machte den Deckel zu und stellte sie neben den Baum. Unten an der Kiste war eine kleine Öffnung. Dort konnten die anderen Bienen, die noch einzeln herum flogen, in die Kiste krabbeln.

Ich hatte Angst, dass die Bienen aus der Kiste wieder herauskommen würden. Aber Herr Scheidig erklärte uns, dass sie um jeden Preis der Welt bei ihrer Königin bleiben würden. Die war die ganze Zeit geschützt in der Mitte der dicken Traube.

Er sagte, dass er die Kiste jetzt bis zum Abend unter dem Baum stehen lässt. Zu Hause kommen die dann erst mal für zwei Tage in den Keller, in »Dunkelhaft«. Sie sollen vergessen, woher sie gekommen sind und nicht aus Versehen in ihr altes Volk zurückfliegen – oder in den Ast. Er holt mich übermorgen, da kann ich ihm helfen.

Ist das nicht alles total spannend? Ich glaube, ich werde Imker.

Mit zwei ausgedruckten Formularen ging er nach Hause. Seine Eltern waren zurückgekommen.

Zehn Minuten später war Hello am Telefon: »Wil haben chinesisches Gelicht mitgeblacht – schön schaaf. Kannst du helübel kommen?«

»Bin schon unterwegs!« Sie liebte chinesisches Essen, aber eher süß-sauer.

Das hatten sie für sie auch besorgt, Sandra kannte ihre Vorlieben.

Es wurde ein sehr gemütlicher Abend.

Paul plapperte noch immer von seinen Imkererlebnissen und überzeugte seine Eltern von seinem Berufswunsch.

Herr Scheidig hatte ihm angeboten, schon jetzt immer mal mit zu helfen.

Als er dann sehr widerwillig endlich zu Bett ging, konnten die drei sich ausgiebig den Plänen für das Kosmetikstudio widmen.

Bischofs hatten auf der Messe einige brauchbare Dinge dafür entdeckt und auch schon eine Liege und eine Waschtischwand direkt gekauft. Da es Ausstellungsstücke waren, bekamen sie einen großzügigen Rabatt.

Die Business-Mappe konnte schon grob erstellt werden. Raumaufteilung, Parkplätze, Umsatz- und Gewinnprognose hatten schon ein Gesicht.

Es machte Annabell große Freude, ihre vielfältigen Erfahrungen aus ihren Coaching – Programm beizutragen. Sie wusste, worauf die Behörden und die Banken Wert legten.

Auch die gefällige Form der Präsentation war ihr Verdienst.

Man konnte sehen, wie die neue Aufgabe auch Sandra bereits begeisterte. Sie konnte die Eröffnung des eigenen Studios kaum erwarten.

Viel zu lange hatte sie sich bei einer ungerecht strengen Chefin untergeordnet und klein gemacht.

Die erste Nachfrage Sandras nach Annas Befinden wehrte diese sofort ab:

»Wir reden heute nicht mehr über mich. Auch in Zukunft will ich mich bemühen, etwas vernünftiger zu sein und euch nicht dauernd zu bemühen.«

»Du weißt, es ist für uns kein Umstand. Ihr wart früher so viel für uns da, als Paul noch klein war und wir oft beruflich angebunden waren.«

»Ja, und ihr wisst, dass Paul für Rainer und auch mich der Kinderersatz schlechthin war.«

Und dann kamen sie zwangsläufig. Die vielen Geschichten mit dem kleinen Paul. Das Fotoalbum diente als Stichwortgeber.

So gingen sie gutgelaunt auseinander und Anna musste, als sie später im Bett lag und nicht einschlafen konnte, wieder an die Geschichte mir den Vögeln denken.

Paul war fünf Jahre alt. Er hatte zu Winteranfang ein Vogelhäuschen aufgestellt und wartete nun auf seine gefiederten Gäste. Aber es kamen kaum welche.

Dagegen war bei den Nachbarn – bei Ahrends – ständig Gedrängel um das Futterhäuschen.

Er beschwerte sich bei Rainer.

Der riet ihm, sein Häuschen an einer anderen Stelle zu postieren, wo sie nicht so dicht beieinander stünden. Tags darauf fand Rainer ein buntbemaltes Papier unter der Klingel:

Einladung

Liebe Vögel von den Nachbarn.

Heute eröffne ich ein neues Vogelhaus – ein Pfeil mit Rotstift wies die Richtung.

Kommt bitte auch zu mir, ich habe leckere Körner für euch.

Unterschrieben war das Ganze mit Kleinkinderschrift »Paul Bischof«. Sandra hatte auf Pauls Diktat hin den Text zu Papier gebracht.

Ahrends ließen den Zettel eine ganze Woche hängen und Paul berichtete ihnen freudestrahlend: »Die Einladung hat geholfen, es kommen jeden Tag ganz viele Meisen und Rotkehlchen und auch Spatzen!

Konfrontation

Auf drei Anrufe auf dem AB gab Annabell drei kurze Antworten ohne die Chance der Angerufenen auf eine Erwiderung.

Annabell wollte ihren Vorsatz in die Tat umsetzen und sich nicht herunterziehen lassen.

1. Axel: »Ich hatte dich doch gebeten, mich zurückzurufen, verdammt. Was haben sie dir denn gesagt? Weißt du irgendwas? Vielleicht verbirgst du ja sogar etwas? Was glaubst du, wer du bist? Ruf endlich mal an!«

»Du kannst mich mal! Wie redest du denn mit mir? Ich weiß nichts Neues, lass mich in Ruhe. Dein Ansprechpartner ist die Polizei!«

2. »Hallo Ducky, hier ist dein Vater. Ich weiß, du bist sauer auf mich, weil ich mich nie melde. Ruf mich bitte mal zurück – oder mail – wenn du mir verzeihen kannst. Habe von Melli einiges Schlimmes gehört!«

»Na so was ! Es gibt dich noch!? Ich melde mich im Laufe der Woche.«

3. »Verzeih, mein Liebling. Auch Entschuldigung von Lieschen. Ich hatte doch von nichts eine Ahnung! Sei mir nicht böse, ich war wirklich sehr egoistisch. Wir müssen unbedingt reden! Komm bitte wieder ins Krankenhaus!«

»Hallo Mutsch. Bin die nächsten Tage dienstlich unterwegs, komme aber sicher am Freitag oder Sonnabend vorbei.«

Die E-Mail ihrer Schwester, die sie noch kurz anschaute, war ebenso knapp gefasst.

»Du schreibst, dass Mutter in einem schlimmen Zustand im Krankenhaus liegt und mit einem Rollstuhl entlassen werden wird. Nur eines in Kürze: lass dir nicht einfallen, sie hier mit anzuschleppen!

Ich will sie nicht sehen. Nie mehr!

Wir warten aber sehnsüchtig auf **dich**. Hast du inzwischen einen Termin? Was ist aus deiner Freundin geworden?«

Annabell war zufrieden mit ihrer Arbeit. Die drei Tage ihres Coachings waren gut gelaufen, die Teilnehmer motiviert und alle hatten profitiert.

Mit einem inneren Lächeln steuerte sie auf ihr Auto zu, um die überzähligen Seminarunterlagen im Kofferraum zu verstauen.

Neben ihrem PKW stand ein kleiner, hellgrüner Nissan Micra mit Saarbrücker Nummer.

Vor Schreck wäre ihr fast das Paket entglitten. Ihr wurde siedend heiß.

Wie bei *Rumpelstilzchen* stand Max Kolmar aus der Erde gestampft vor ihr.

»Hallo Bella«, hauchte er devot. »Ich will Sie nicht erschrecken. Können wir zusammen reden?«

»Ich wüsste nicht, was wir zu besprechen hätten!«, erwiderte sie brüsk und wollte ihn stehenlassen.

Er hielt sie sanft am Arm. »Bitte, vielleicht kann ich sogar helfen.«

Sie schaute ihn fragend an. Wenn er helfen will – und kann – sollte ich mich ihm nicht verweigern. Was kann schon passieren?

»Na gut, ich wollte gerade noch eine Kleinigkeit essen, bevor ich endgültig Feierabend mache. Gehen wir zusammen in das Restaurant, da können wir ja reden«, schlug sie vor.

Wortlos trottete er hinter ihr her. Er hatte sich stark verändert. Nicht nur seine unterwürfige Haltung. Auch an seinem Äußeren war eine gewisse Nachlässigkeit zu erkennen. Die Kleidung entbehrte der gewohnten Sorgfalt, er hatte Augenringe, Bartstoppeln und sein Haar wirkte ungepflegt.

»Ich wohne nicht mehr an meiner Meldeadresse«, begann er das Gespräch. »Ich weiß von meiner ehemaligen Nachbarin, dass Ihr mich sucht.«

Sie hatten sich in dem Lokal einen etwas abgelegenen Tisch gesucht und sich einander gegenüber gesetzt. Seine Augen hatten einen bittenden Ausdruck, als er sie fragte: »Darf ich einfach mal erklären, was mich umtreibt?«

»Wie könnte mich interessieren, was Sie umtreibt? Ich möchte einfach nur wissen – und das sehr schnell – was Sie mit Cora angestellt haben!«

»Genau das ist mein Ansatzpunkt. Ich weiß, dass Sie glauben, ich hätte mit ihrem Verschwinden zu tun.«

Er hielt ihrem herausfordernden Blick mit den hochgezogenen Augenbrauen stand.

»Aber das stimmt nicht. Ihr vergeudet Eure Zeit! Ich habe nichts damit zu tun, kann aber vielleicht zur Klärung beitragen.«

Anna kramte nach ihrem Smartphone und der Visitenkarte von Kommissar Becker.

»Nein, das geht nicht!«, wehrte Max ab. »Ich kann mich nicht offiziell melden. Ich werde gesucht.«

»Na, das wissen wir ja. Aber wenn Sie doch unschuldig sind…!«

»Nein, ich werde wegen anderer Vergehen gesucht. Ich bin eigentlich… - ein Verbrecher. (hartes Wort) wegen Computerkriminalität«, erläuterte er noch.

Annabell legte ihre Hände auf den Tisch und stemmte sich aus dem Stuhl hoch.

»Ich muss mal für große Mädchen.« Sie griff nach ihrem Handy.

Er drückte sie sanft auf den Platz zurück. »Tut mir leid, das kann ich nicht zulassen. Ich weiß, Sie wollen die Polizei informieren.«

»Na erlauben Sie mal, das kommt aber doch Freiheitsberaubung sehr nahe!«

Er war ehrlich zerknirscht. »Wenn´s gar nicht anders geht, komme ich mit bis vor die Toilettentür. Aber das Handy bekomme ich. Ich erkläre Ihnen dann alles ausführlich. O.k.?«

Annabell war unsicher. Was sollte sie tun?

Sie konnte sich mit niemandem besprechen. War sie ängstlich?

Nein, was sollte ihr hier passieren?

Auf alle Fälle war sie ärgerlich.

»Mir ist das wirklich zu blöd! Erst verfolgen Sie mich über Wochen und wissen wahrscheinlich selbst nicht, warum. Dann machen Sie sich an meine Freundin ran, die dann auch unmittelbar darauf verschwindet. Das ist doch alles mehr als seltsam. Ich weiß ehrlich nicht, ob ich mir das noch länger anhören soll!«

»Ach Annabell!«, seufzte er und nannte sie zum ersten Mal bei ihrem richtigen Namen. »ich bin ja selbst total verunsichert.«

Er wirkte zerstreut und schien mit seinen Gedanken sehr weit weg zu sein.

Anna hatte nicht das Bedürfnis, ihn von seinem gedanklichen Trip zurückzuholen und trank wartend von ihrem Espresso.

Sie winkte der Bedienung und bestellte sich einen Eisbecher. Seine leeren Augen stierten durch sie und die Kellnerin hindurch, sein Mund murmelte aber: »Für mich bitte das Gleiche.«

Jetzt hatte er wieder einen klaren Blick und er war auch gedanklich wieder bei ihr, als er sich entschlossen etwas nach vorn beugte und seine Hand die ihre berührte.

»Ich habe einen Vorschlag, mit dem – denke ich – allen gedient ist. Ich erkläre mich ganz ausführlich und von allem Anfang an. Wir nehmen das auf ihrem Smartphone auf und Sie können es komplett der Polizei übergeben.«

Annabell war einverstanden. Er zog ihr Handy auf seine Seite des Tisches, suchte die App für Sprachaufnahme und begann mit seinem Bericht:

Ich muss ein paar Dinge vorausschicken, damit das ganze verständlich wird.

Zur Polizei kann ich nicht persönlich gehen, da ich wegen Computerkriminalität in größerem Stil bereits gesucht werde. Deshalb – und nur deshalb habe ich meinen Wohnsitz aufgegeben und nutzte nur Mietautos, die ich überall im Land mieten und zurückgeben kann.

Durch meine Computerkenntnisse habe ich auch die Wege und Termine von Ihnen herausgefunden. Ich verehre Sie schon lange, bin regelrecht fasziniert.

Da ich seit vielen Jahren an einer Psychose leide – nicht lachen! Ich habe Angst vor emanzipierten Frauen – ich kann mich nicht überwinden, die Frau meines Begehrens anzusprechen. Also, nicht ansprechen, um sie zu erobern.

Mir war es daher eine Befriedigung, mich Ihnen auf meine – zugegebener Weise makabre Art - zu nähern. Ich möchte mich dafür auch entschuldigen. Er schaute Annabell treuherzig an und lächelte schüchtern. Dann erzählte er weiter, so als wäre diese Beichte nur für Anna bestimmt.

Anders war die Situation mit Corinna. Von Anfang an wusste ich, dass sie leicht zu haben war. Sie machte mir eindeutige Avancen und sie gefiel mir. Ich musste nur noch eine günstige Gelegenheit suchen, um mit ihr allein zu sein.

An der Bar im Hotel hatte ich gehört, dass sie noch eine Nacht bei Ihnen zu Hause verbringen würde. Leider wusste ich nicht, wohin sie von da aus fahren würde. Also führte mich mein Weg an dem Mittwoch Ihrer Abreise auch erstmal nach Thüringen. Ihrem Nachbarn war ich aufgefallen. In Ihrer abgelegenen Wohngegend kennt ja jeder jeden. So musste ich ihm eine Erklärung für mein Herumlungern liefern. Hinter den Büschen des letzten Gartengrundstückes konnte ich mein Auto unbemerkt abstellen und die Nacht darin zubringen.

Am Morgen war ich zeitig wach und beobachtete wie ein Heckendieb das Auto Ihrer Freundin und schließlich die Abreise von Corinna.

Ich folgte ihr einfach auf den Landstraßen und der Autobahn in nördliche Richtung. Kurz vor einem Parkplatz – wir waren schon zweihundert Kilometer gefahren – setzte ich mich vor sie und gab mich zu erkennen. Als ich den Blinker setzte und auf den Parkplatz fuhr, konnte ich im Rückspiegel erkennen, dass sie es mir nachtat. Sie war freudig überrascht, mich zu sehen. Sie fragte noch nicht einmal nach, wie es möglich war, dass ich dort auftauchte.

Wir fielen buchstäblich übereinander her. Uns stand beiden der Sinn nach Sex – und zwar gleich.

Max Kolmar unterbrach sich kurz, da er bemerkte, wie Annabell etwas angewidert die Augenbrauen hochzog. Ihr war die Schilderung offensichtlich peinlicher als ihm.

- *Tut mir leid, dass ich Ihnen das nicht ersparen kann. Das alles ist aber wichtig! -*

Also, wir nahmen uns an der Hand und liefen in ein angrenzendes Waldstück, nicht weit von dem Parkplatz entfernt. Noch bevor wir zur Sache kommen konnten, bemerkte Corinna entsetzt, dass sie auf einem Hundehaufen lag. Es war einfach nur ekelig. Vorbei die Stimmung. Mit Gras und Papiertaschentüchern versuchten wir, das Gröbste zu beseitigen. Ich hatte im Auto noch eine halbe Wasserflasche und damit säuberten wir den Rest. Der Gestank blieb.

Von unserer Position aus konnten wir die Reklame eines Motels sehen. In unseren Gedanken übereinstimmend steuerten wir beide in unseren Autos über die nächste Abfahrt diesem Ziel zu.

Glücklicherweise hatte Cora in ihrer Reisetasche noch andere Kleidungsstücke, die sie im Zimmer später umziehen konnte.

Erst einmal hatten wir mehrmals und sehr ausgiebig Sex. Hier erspare ich Ihnen natürlich alle Einzelheiten. Aber wir stellten fest, dass wir beide ziemlich besessen waren. Sie beichtete mir auch, dass sie sexsüchtig sei. Ich gestand, dass ich mich Ihnen nie intim genähert hätte, da ich Angst vor dieser Art von Frauen habe.

So verbrachten wir etwa zwei Stunden in diesem Motel und fuhren dann gutgelaunt und fröhlich weiter.

Da sie unbedingt tanken musste, verabredeten wir uns auf der nächsten Raststätte und wollten dort noch einen gemeinsamen Abschiedskaffee trinken. Wir beschlossen auch, uns für die Zukunft noch öfter zu treffen.

Sie tankte und ich ging schon mal in das Tankstellenrestaurant und besorgte zwei Pott Kaffee und etwas Gebäck. Ich sah sie mit dem Auto wegfahren – sie winkte mir kurz zu, bevor sie einstieg – und ich dachte, sie würde gleich weiter fahren. Aber sie hatte den Wagen nur abgestellt und kam kurz darauf zur Tür herein.

Wir unterhielten uns locker und lachten viel.

Zwischendurch holte sie ihr Smartphone heraus und machte eine Aufnahme von sich, die sie wegschickte. Sie erklärte, ihr Mann sei sehr eifersüchtig und wollte rund um die Uhr wissen, wo sie sei. Damit befriedigte sie seine Neugier. Ich hatte angemerkt, dass sie dann doch auch besser eine Aufnahme im Motel von uns beiden im Bett hätte schicken sollen.

Über diesen Spaß mussten wir beide sehr lachen.

Es dauerte gar nicht lang, da klingelte ihr Handy und sie rollte mit den Augen, als sie das Gespräch annahm. Mit »ja Schatz« und »bald Schatz« und der Angabe der Tankstellenposition hielt sie das Telefonat kurz. Sie verabschiedete sich mit »nein, ich bin allein. Ich trinke nur noch einen Kaffee, dann fahre ich nach Hause.« Und dann: »na gut, dann warte ich.«

»er nervt«, sagte sie zu mir, als sie aufgelegt hatte.

Ich verabschiedete mich mit einem flüchtigen Kuss von ihr. Wir hatten ja unsere Nummern und mail-Adressen ausgetauscht.

Dabei fällt mir ein, dass ich noch nicht einmal genau weiß, wo sie wohnt. Ist ja auch egal.

Er hatte seinen Bericht beendet und das Smartphone ausgeschaltet. Er schaute Annabell erwartungsvoll an. Sie wirkte nachdenklich, aber auch schockiert.

»Wenn ich etwas zu verbergen hätte, würde ich mir auch so eine Geschichte ausdenken. Das kann doch niemand bestätigen. Sie haben trotzdem kein Alibi. Sie wollen nur von sich ablenken.«

Max nickte mit dem Kopf. »So eine Reaktion habe ich mir schon gedacht. Ich weiß auch nicht, wie ich es beweisen soll. Dieses Rote-Tupfen-Kleid, das sich in einem Plastikbeutel befindet und nach Hundescheiße riecht, ist noch in meinem Besitz. Sie wollte es nicht selbst mitnehmen. Aber das ist auch kein Beweis, es spricht eher gegen mich.

»Es ist einfach so vieles, was mir unklar ist und Ich nicht die Person sein kann, die die richtigen Fragen stellt. Sie ***müssen*** mit der Polizei reden.«

»Gut«, sagte er nach einigem krampfhaften Überlegen wider Erwarten. »Unter bestimmten Voraussetzungen bin ich auch dazu bereit. Geben Sie denen erstmal die Aufnahme, die jetzt auf ihrem Smartphone ist. Ich werde dann am Montag im Kommissariat anrufen und hören, was sie noch von mir wissen wollen.«

Max grübelte offensichtlich noch, welche Folgen das für ihn haben könnte.

»Woher wussten Sie überhaupt von Corinnas Verschwinden und das man noch keine Spur von ihr hat?«, war für Annabell die logische Frage.

»Ich hatte den Aufruf von Tochter und Vater im Fernsehen gesehen. Ich kenne zwar beide nicht, aber es wurde ja auch ein Bild von Ihrer Freundin gezeigt. Dann berichtete mir meine Nachbarin, dass die Polizei in meiner Wohnung war, sogar mit Durchsuchungsbeschluss. Sie hatten ihr auch ein Foto gezeigt und nachgefragt, ob sie diese Frau schon mal gesehen hätte. Offensichtlich glaubten sie auch, ich hätte Cora in meiner Wohnung versteckt. Zum Glück hatte ich dort schon eher – aus besagten anderen Gründen – meine Zelte abgebrochen und so gut wie alles ausgeräumt. Ich bin jetzt also sozusagen ständig auf der Flucht. Kein angenehmes Leben.« Er seufzte.

»Nun ja, mein Mitleid hält sich in Grenzen. Was haben Sie denn Schlimmes verbrochen, dass Sie so gehetzt werden?« Annabell konnte ihre Neugier nicht verbergen.

Mit einem kleinen, einem ganz kleinen überheblichen Lächeln gab er zu: »Ich habe die Firma, bei der ich angestellt war und die mich maßlos hintergangen hat, um etwa zwei Millionen erleichtert. Das Geld ist in Sicherheit, das nimmt mir keiner weg. - Ich bin also eine wirklich gute Partie. An Ihrer Stelle würde ich mir das doch nochmal überlegen, ob Sie mich wirklich von Ihrer Bettkante stoßen wollen«, fügte er noch mit einem sehnsüchtigen Blick hinzu.

»Danke für ´s Angebot. Geld ist nicht das, wonach ich mich sehne«, antwortete sie lapidar.

»Ich hätte jetzt tausend Fragen, weiß aber nicht, welche wirklich relevant sind. Das überlasse ich dann doch besser den Polizisten, wie Sie ja schon vorgeschlagen haben. Was ich aber jetzt schon wissen möchte: Wann – um welche

Zeit – hat Cora ihr Selfie aus dem Restaurant an ihren Mann geschickt?«

»Das muss so gegen 16:00 Uhr gewesen sein, so in der Drehe.«

»Seltsam«, murmelte Annabell mehr in sich hinein. »Er hatte gesagt, den ganzen Donnerstag kein Zeichen von ihr erhalten zu haben.« Sie schüttelte zweifelnd den Kopf.

»Sie hatten danach keine Verbindung mehr mit ihr? Anruf, SMS oder Bild? Sie teilte sich gern mit?«

»Nein, nichts. Habe es auch nicht erwartet. Allerdings in den Tagen bis zu dem Fernsehauftritt ihres Mannes hatte ich schon auf einen Anruf gerechnet.«

Beide aßen stillschweigend ihre Eisportion zu Ende. Nachdem Max die gesamte Zeche bezahlt hatte, verabschiedete er sich ein wenig wehmütig von Annabell.

»Ich sehe Sie nun wahrscheinlich nicht mehr wieder?«

»Wenn Sie mir nicht mehr nachstellen?«

Er schüttelte nur gekränkt den Kopf. »Dann alles Gute für Sie. Ich hoffe, Ihre Freundin taucht wohlbehalten wieder auf.«

»Danke. Wir haben aber sowieso telefonisch nochmal Kontakt. Bis dahin auch für Sie eine gute Zeit.«

»Daraus wird eher nichts. Übrigens bin ich nur noch bis Ende Mai im Lande, sagen Sie das den Bullen.

Dann bin ich nicht mehr zu erreichen.« Damit entfernte er sich endgültig vom Tisch.

Annabell blieb noch sitzen und blickte ratlos in die Dessertkarte. Das rief sofort die Bedienung auf den Plan. Annabell sah abwesend zu dem freundlich lächelnden Kellner auf. Sie war in einem ganz anderen Film. Was wurde denn gerade von ihr erwartet? Sie schaute die Bedienung an, als solle er ihr sagen, was sie bräuchte. Schließlich bestellte sie sich einen Whiskey und war selbst darüber erstaunt. Sie hatte dabei eine unsichere Stimme und die Bestellung klang eher wie eine Frage.

Der Kellner schaute sie etwas ungläubig an: »Sind Sie sicher, Lady? Es ist erst später Nachmittag. … aber es geht mich natürlich nichts an.« Es war ihm peinlich, dass er sich so despektierlich geäußert hatte.

»Doch, bitte einen Whisky. Ich muss über ein soo großes Problem nachdenken. Und ich fahre heute nicht mehr. Ich wohne ja hier.«

»Entschuldigen Sie bitte nochmals. Ich wollte mich nicht einmischen, es war mir herausgerutscht. Es gibt auch keine Vorschrift, die Alkohol vor siebzehn Uhr verbietet.«

Man konnte ihm ansehen, wie zerknirscht er war.

»Alles bestens«, versicherte sie ihm und schüttelte innerlich den Kopf über sich.

Es war total ungewöhnlich. In der Phase ihrer Ehekrise hatte sie mit dem Trinken stärkerer Spirituosen begonnen und zum Glück rechtzeitig die Kurve bekommen. Sie konnte sich noch gut daran erinnern, wie elend sie sich danach immer fühlte – physisch und auch psychisch. Sie hatte Rainer versprochen, nie wieder solche Exzesse zu zulassen.

Nein, das hatte sie nicht vor. Und doch bestellte sie sich einen weiteren Whiskey. Sie fühlte sich bemüßigt, dem Kellner zu erklären, dass sie das Getränk mit auf ihr Zimmer nehmen wolle und er ihr bei der Lösung ihres Problems helfen solle.

Als sie mit dem Glas in der Hand zur Fahrstuhltür ging, ahnte sie die Blicke des Kellners in ihrem Rücken.

Annabell stellte das Glas auf den Badewannenrand und ließ Wasser einlaufen. Sie freute sich auf die Entspannung in einem heißen Bad.

Halbherzig hatte sie bereits einen Entschluss gefasst.

Nachdem sie die Durchwahl von Kommissar Becker eingetippt hatte, hielt sie das Smartphone ungeduldig am Ohr. Endlich meldete er sich.

Nein, sie hatten keinerlei neuen Erkenntnisse, sie traten auf der Stelle und waren mit ihrem Latein am Ende. Ob sie denn etwas Neues wüsste und weshalb sie anriefe?

»Nein, tut mir leid. Ich weiß auch nichts, wollte mich nur erkundigen.«

Sie hatte schon ein Anklopfen am Handy bemerkt und rief nun diese Nummer zurück.

Paul meldete sich erfreut und berichtet aufgeregt, dass er mit Herrn Scheidig zusammen den Bienenschwarm in eine Beute verbracht hatte und er jetzt ganz viel über die Bienenvölker wüsste.

Sie unterbrach ihn ungeduldig: »Ach Paul, tut mir leid, ich habe im Moment wiedermal ein Riesenproblem. Erwachsenensachen halt, du weißt schon. Ich bin spätestens am Freitag für dich da. Versprochen! Aber kannst du mir mal deine Mama geben?«

»Die ist unterwegs. Tut ´s auch der Paps?«

»Ist der denn zu Hause?«

»Er hat sich ein Bein gebrochen.« Noch bevor sie nachfragen konnte, hatte sie Hello am Apparat.

»Was ist dir passiert? Wie hast du dich verletzt? Ist es schlimm?« Er lachte etwas gequält.

»Nein nichts dramatisches, glatter Bruch. Habe eine Stufe übersehen und bin einfach nur gestürzt. Wäre es jemandem

Anderes passiert, hätte ich gelacht. Was hast du auf dem Herzen?«

»Ich wollte nur Bescheid sagen, dass ich nicht wie geplant morgen zurückkomme. Sandra müsste ohne mich nach Erfurt fahren. Wir hatten ja alles vorbereitet.

Ich mache einen Umweg über Rostock, schreib dir bitte mal die Telefonnummer und Adresse von Familie Kogler auf, für den Fall, dass einer fragt. Ich gebe dir auch noch die Durchwahl von dem Kommissar Becker, man weiß ja nie, was sich ergibt.«

»Was ist los? Ist alles in Ordnung bei Dir?«

»Ja, ja. Schreib auf …«

Nachdem sie die Daten durchgegeben und gute Besserung gewünscht hatte, legte sie auf.

Sie stieg in die Wanne. Was hatte sie noch verabredet? Musste sie noch etwas bedenken, bevor sie nach Rostock weiter fuhr? So groß war der Umweg von Berlin aus ja nicht und sie hielt es für das Beste, die nächsten Schritte selbst zu unternehmen.

Schlückchen weise ihren Whiskey genießend, grübelte sie weiter.

Hatte Max Kolmar die Wahrheit gesagt oder hatte er sich eine gute Geschichte zu seiner Entlastung ausgedacht?

War es logisch, was er erzählte? Hätte er tatsächlich nichts mit Coras Verschwinden zu tun, warum sollte er sich dann bei ihr nochmals in Erinnerung bringen? Sogar damit einverstanden zu sein, diese Geschichte der Polizei zu übermitteln – bewies das nicht geradezu seine Unschuld? Oder war das wiederum Taktik? Eine Flucht nach vorn?

Das Badewasser war kalt und das Whiskyglas leer. Die Uhr zeigte die neunzehnte Stunde und der helle Tag vor dem Fenster und ihr knurrender Magen sagten ihr, dass es für ´s Bett noch eindeutig zu früh sei.

»Es sei denn, man wäre nicht allein im Bett…«, sie kicherte in sich hinein und schüttelte gleichzeitig ihre Wuschelmähne.

»Reiß dich zusammen, Säuferin!« Die Ermahnung war mehr als begründet, denn auf dem kurzen Weg zum Kleiderschrank torkelte sie ein wenig.

Wieder musste sie kichern. »Hallo, ich bin aber heute gut drauf!«

Auf dem Weg zum Fahrstuhl und ins Restaurant konzentrierte sie sich angestrengt auf einen sicheren Gang und wählte vorsichtshalber einen Tisch in der Nähe der Eingangstür.

Zu ihrem Menü bestellte sie einen trockenen Weißwein und ein großes Wasser.

Das alles verzehrte sie genüsslich und stellte befriedigt fest, wie ihr Schwips mit jedem Bissen fester Nahrung zu schwinden schien. Dass es sich hier um einen Trugschluss handelte, erfuhr sie erst am nächsten Morgen.

Ihr Smartphone meldete sich und sie stellte erfreut fest, dass es WinWin war.

»Wie geht es dir Schätzchen? Ich habe nächste Woche in Jena zu tun, kann ich bei dir vorbeikommen?«

»Oh ja, gerne, wenn du versprichst, mich nicht unsittlich zu belästigen!« Erschrocken erkannte sie, dass sie wohl zu laut gesprochen hatte, denn die Gäste am Nebentisch hatten sich umgedreht.

Genauso laut fügte sie deshalb hinzu: »Nein, Winni, war ein Scherz. Ich freue mich, wenn du kommst!«

»Was ist los mit dir, bist du trunkig?«

»Nur ein wenig. Ich war hier in Berlin zum Coaching Seminar. Morgen früh fahre ich noch nach Rostock, aber nur für einen Tag. Nächste Woche habe ich keine Termine.«

»Entschuldige, es klingelt an der Wohnungstür. Schön, dass es klappt. Ich melde mich nochmal. Bis später – Küsschen!«

Irgendetwas war ihr im Wege. Annabell hatte sich unter ihrer Bettdecke mit den Beinen verfangen und um die Taille zerrte sie ebenfalls eine Kraft.

Sie stieg aus dem Bett und war äußerst verwundert darüber, offensichtlich im Hotelbademantel geschlafen zu haben. Langsam erinnerte sie sich daran, gestern doch ziemlich betrunken gewesen zu sein. Ihr schwerer Kopf zeugte ebenfalls davon.

Sie trat ans Fenster und freute sich über den Anblick der aufgehenden Sonne. Noch reichte ihre Kraft nicht aus, um den Morgen zu erhellen. Die Lichter der Straßenlaternen und die Beleuchtung an der Hotelaußenwand dominierten. Aber in der Ferne – am Stadtrand – tauchten die Sonnenstrahlen die Silhouetten der Berge und Umrisse der Hochhäuser und Kirchen in einen warmen roten Lichterkranz.

Ein leichtes Schnarchen ließ sie erschrocken zu ihrem Queen Size Bed umschauen.

Max Kolmar? Schoß es ihr entsetzt durch den Kopf. Ein nackter breiter Männerrücken und dunkles, kurzgeschnittenes Haar war von dem auf dem Bauch Schlafenden auszumachen.

Unwillkürlich griff sie sich mit beiden Händen in die Haare und zauste daran, als wolle sie so Erinnerungen aus ihrem Kopf holen.

Mein Gott, ihr fehlten tatsächlich einige Meter Film. Wie war sie denn gestern überhaupt von der Bar in ihr Zimmer gekommen? Immerhin kam ihr wieder in den Sinn, dass sie nach dem Abendessen an der Bar saß und von … (von wem?) … ja, von Victor eingeladen worden war.

Sie ging zurück zum Bett, auf die andere Seite. Ja, tatsächlich Victor. Der gutaussehende Big Boss aus ihrem Sündenfall. Er musste gespürt haben, dass er beobachtet wurde, denn er wurde langsam wach. Die warmen Augen lächelten sie unschuldig an: »Guten Morgen Dirty. Stimmt ´s, du kannst dich an nichts erinnern?«

Annabell war mehr als nur peinlich berührt. Sie schämte sich, weil er sie offensichtlich nackt gesehen haben musste. Sie nickte nur: »Gar nichts.«

»Hör zu, dir muss nichts peinlich sein. Es ist nichts passiert, und auch das wäre nicht schlimm. Wir waren beide so erfreut, uns nach über zehn Jahren wieder zu sehen. Da hatten wir spontan beschlossen, unser Wiedersehen an der Bar zu feiern. Du wärest nicht in der Lage gewesen, allein auf dein Zimmer zu gehen. Da habe ich dir geholfen.«

»Und du hast mich ausgezogen und ins Bett gebracht? Und was noch?«

»Nichts noch … Zugegeben hatte ich versucht, ob was geht. Aber du hattest eigentlich schon an der Bar klargelegt, dass du keinerlei Interesse mehr an intimen Gelegenheiten hast. So habe ich dich nur brav ins Bett gelegt und beschlossen, bei dir zu bleiben.«

»Na ja, dagegen habe ich auch nichts. Aber…«, verschämt schaut sie an ihrem Körper herunter.

Victor lachte: » Du musst doch von dir selbst denken, du sähest aus wie ein Monster. Ich arbeite seit ein paar Jahren als Fitness Trainer. Da begegnen mir einige Kundinnen mit deinem *Problem*. Du hattest mir auch gestern schon davon und von deinem Unfall erzählt. Wenn du möchtest, zeige ich dir noch einige Spezialübungen, die du machen kannst.«

»Ich mach schon vieles. Vielleicht sollte ich doch über eine Operation nachdenken.«

»Ich würde das nicht operieren lassen. Abgesehen vom Geld ist das auch wieder ein gefährlicher Eingriff. Du siehst noch immer total sexy aus. In deinem Outfit erkennt niemand einen Makel. Und da du den Männern sowieso abgeschworen hast - schade eigentlich – gibt es gar keinen Grund.«

»Ach Victor, es war alles in Allem schön, dich wieder gesehen zu haben. Bleibst du noch lange hier im Hotel?«

»Nein, nur noch zwei Tage. Am Wochenende ist das Seminar zu ende.«

Sie tauschten sich ihre Handynummern aus und benutzten nacheinander das Bad.

Als Victor gegangen war, überspielte Annabell noch fix die Aussage von Max von ihrem Smartphone über ihren Laptop auf einen Stick. An der Rezeption ließ sie sich einen gepolsterten Umschlag aushändigen. Sie schob den Stick und einen erläuternden Zettel hinein und adressierte den Brief an Kommissarin Wendland. Den Portier bat sie, diesen Brief bitte am Sonnabend – aber wirklich erst am **Sonnabend** – abzuschicken. Sie zahlte ihr Zimmer und ging.

Wer?

In ihrem Mund war ein feuchter Geschmack von Moder und Fäulnis. Die Zunge, ihre Kehle und ihr Hals waren völlig ausgetrocknet und taten weh. Vorsichtig ließ sie ihre Zunge über die spröden Lippen gleiten. Auch das war schmerzhaft. Was tat ihr eigentlich nicht weh? Bei dem Versuch, sich aus ihrer liegenden Position aufzurichten, schmerzte ihr ganzer Körper.

Um sie herum war es dämmrig, aber sie erkannte, dass sie im Freien lag.

Warum war sie hier? Wo war sie? Und vor allem: **wer** war sie?

Den dröhnenden Kopf zu bemühen, erschien sinnlos. Sobald sie ihn hob, fuhren Stiche unter die Haut.

Vorsichtig betastete sie mit einer Hand ihren Hinterkopf und fühlte einen Grind durch das extrem kurze Haar. Ganz von allein rollten Tränen über ihr Gesicht und sie versuchte, sie mit der Zunge aufzufangen.

Vorsichtig ließ sie ihre Hände über ihren Körper gleiten. Schon das Anheben der Arme breitete ihr schier unerträgliche Schmerzen und entsetzt stellte sie fest, dass ihr Unterkörper völlig nackt war.

Noch einmal versuchte sie mühsam, sich aufzurichten.

Ein leichter Wind ließ sie frösteln.

Auch oben herum war ihre Bekleidung mehr als spärlich – ein zerrissenes T-Shirt über dem ebenso zerfetzten BH.

Mit zunehmendem Tageslicht erkannte sie einen Wald um sich herum. Sie lag in einem großen Haufen Laub aus dem vergangenen Herbst. Unweit der Stelle, an der sie aufgewacht war, ging ein Weg durch das Dickicht und da waren Schlaglöcher und Pfützen, die mit Wasser gefüllt waren.

Sie strahlte: Wasser!

Mit großer Anstrengung robbte sie zu den Pfützen. Es kostete sie keinerlei Überwindung, daraus zu trinken. Es war nur mühsam und schmerzvoll. Jede Bewegung war schmerzvoll.

Ihr war egal, dass auch ihr Shirt in das schmutzige Wasser tauchte. Endlich konnte sie trinken.

Ein Fäkaliengeruch stieg ihr in die Nase. Mein Gott, das war sie selbst!

Widerlich! Was war nur passiert? Wie konnte sie in so einen Zustand geraten? Sie konnte sich an absolut nichts erinnern.

Sie fädelte sich den BH unter dem Shirt hervor und tauchte ihn in eine der Pfützen. Damit wusch sie sich Unterleib und Beine, so gut es ging. Wie ist das nur alles passiert. So sehr sie sich abmühte, sie hatte keinerlei Erinnerung.

Ihr Kopf war so leer. Ein eigenartiger Zustand und ein Angst einflößendes Gefühl beschlich sie.

In ihrer Umgebung konnte sie nichts ausmachen, was ihr bekannt vorgekommen wäre.

Ein paar hundert Meter hinter einer angrenzenden Wiese konnte sie einen stehenden Zug erkennen. Dort würden dann sicher auch Menschen sein.

Ob sie es bis dahin schaffen konnte? Aber sie war nackt. Konnte sie es so wagen?

Hoffentlich fuhr der Zug inzwischen nicht weiter. Aber sie konnte weder am vorderen noch am hinteren Ende eine Lok ausmachen. Er war wohl dort abgestellt.

Sie stellte sich mühevoll auf die Beine, wie eine Zweijährige, die nach einem Sturz die Balance neu zu finden hatte. Das Aufstehen war gelungen, aber das Laufen war die nächste Herausforderung.

Wenn doch nicht alles so wehtun würde. Sie hätte nicht einmal sagen können, wo der größte Schmerz hergekommen wäre. Doch, ihr Kopf! Jeder Schritt dröhnte im Kopf wieder.

Zum Glück schien nichts gebrochen zu sein. Sie schleppte sich weiter, Schritt für Schritt. Schließlich ließ sie sich auf die Knie fallen und robbte durch das Gras.

Nach einer gefühlten Ewigkeit kam sie völlig erschöpft auf den Gleisen an. Für das Öffnen einer Waggontür brauchte sie mehrere qualvolle Versuche. Erst die dritte Waggontür war unverschlossen.

Mit letzter Kraft zog sie sich hinein und legte sich erstmal auf den Gang vor den Abteilen.

Natürlich war der Zug menschenleer.

Um einzuschätzen, wie lange sie da gelegen hatte, fehlte ihr das Zeitgefühl.

Sie zog sich an einer Abteiltür hoch und schaffte es bis zur Sitzbank.

An der Abteilwand hing eine elektronische Uhr. Sie zeigte 10:34 Uhr an.

Ja was? Montag? Mittwoch? Sonntag? Wo war sie hier? Und warum?

Sie weinte vor Verzweiflung. »Denk nach vorn! Verdammt!«

Sie machte sich jetzt auf die Suche nach etwas Essbarem in den Abfallbehältern.

Das war kurz darauf auch erfolgreich. Sie fand eine halbe Packung Kekse, ein komplett eingewickeltes Pausenbrot und eine zur Hälfte geleerte Wasserflasche.

Das alles schlang sie genussvoll in sich hinein.

An der Abteiltür hing ein ausgeblichener brauner Vorhang, der nach Staub, Zigarettenqualm und anderen Ausdünstungen roch. Der morsche Stoff ließ sich leicht herunterreißen. Mit schmerzhaften Verrenkungen wickelte sie ihn um ihren Körper.

Dann nahm sie die Beine hoch und legte sich auf den Abteilsitz. Innerhalb weniger Minuten war sie eingeschlafen.

Man sollte immer erst überlegen, bevor man etwas Dummes tut!

»Wie blöd kann man denn sein? Warum habe ich ihr diese Geschichte auf das Band aufnehmen lassen? Jetzt haben die mich sicher bald am Arsch. Die schlussfolgern doch sofort, dass ich das alles nur erfunden habe, um von mir abzulenken. Ich wollte mich so gern vor Annabell reinwaschen, damit sie nicht schlecht von mir denkt. Aber die Polizei habe ich damit bestimmt nicht überzeugt. Jetzt werden mich die Bullen überall jagen. Was mache ich nur jetzt? Wie konnte ich so kurzsichtig sein? Das kann ich nicht mehr stoppen!«

Maximilian Kolmar hockte verzweifelt in dem karg eingerichteten Hotelzimmer und ging gedanklich zum hundertsten Male seine Situation durch.

Er verfügte über eine Menge Geld und hatte nichts davon. Vorläufig jedenfalls.

Sich ins Ausland abzusetzen, wie er ursprünglich geplant hatte, war im Moment zu riskant.

Zumindest war er so weitblickend gewesen, sich eine andere Identität aufzubauen. In seinem neuen Ausweis war der Name *Benjamin Furrer* eingetragen – ansässig in British Guyana.

Nach seinem laienhaften Dafürhalten war sein Pass eine gute Fälschung. Für eine große Summe Bares war auch bereits ein Einreisevisum aus Guyana enthalten.

Seine Haare hatte er vom Kopf geschoren und ließ sie nun im Gesicht wachsen. Im Sonnenstudio gut gebräunt, gefiel ihm sein neues Outfit. Dunkelbraune Kontaktlinsen waren das Sahnehäubchen.

Ben hatte sich von allen Marken- und Designer – Klamotten getrennt, er trug jetzt Alltagskleidung von der Stange.

Alle Testbesuche bei früheren Bekannten verliefen zu seiner Zufriedenheit. Kaum jemand erkannte ihn. Er war mit diesem Pass auch bereits nach London geflogen und alles war glatt gegangen.

Warum hatte er – Idiot – nicht schon längst einen Ersatzpass erstanden? Damit hätte er sich leicht seine Leihwagen mieten können, ohne nachverfolgt zu werden.

Er sollte endlich die Kommissarin in Rostock anrufen. Schließlich wollte er wissen, wie weit deren Ermittlungen gediegen waren. Bei Annabell meldete sich nur der Anrufbeantworter, er hatte ihm nichts hinterlassen.

Im Rostocker Polizeipräsidium wurde er mehrfach weitergeleitet und war schon drauf und dran, wieder aufzulegen. Da meldete sich endlich Kommissarin Wendland.

Sie war ganz aufgeregt, als sie erkannte, wer sie anrief.

»Herr Kolmar, wir warten schon dringend auf Ihren Rückruf. Das Band mit Ihrer Aussage haben wir mehrfach abgespielt. Es bleiben noch eine Menge Fragen, die wir mit Ihnen gern durchgehen würden.

Wir wären Ihnen dankbar, wenn Sie in unsere Dienststelle kommen könnten; oder wir zu Ihnen.«

Das verneinte er vehement. Die Schilderung auf dem Band war das Äußerste, was er beizutragen bereit sei. Sie sollte ihm bitte nur sagen, wieweit die Ermittlungen der Polizei vorangeschritten wären.

Frau Wendlands Stimme war nunmehr kühl und abweisend: »Das tut mir leid, Herr Kolmar. Am Telefon kann ich dazu keinerlei Angaben machen. Wenn Sie nicht bereit sind, Ihre Aussagen hier vor Ort freiwillig zu ergänzen, werden wir Sie auch so zu finden wissen.«

Max wusste, dass sie das Telefonat von seinem prepayed-Handy nicht würden verfolgen können.

Hatten sie nun Corinna gefunden? Was wussten sie sonst noch alles?

Er würde es später noch einmal bei Annabell probieren. Notfalls würde er sie aufsuchegtz/uz

MIRANDA ?

Das Gemurmel um sich herum konnte sie nicht deuten. Der Geruch erinnerte sie an Krankenhaus. Sie fühlte einen Schlauch in ihrem Mund.

Ihr Körper lag auf einem angenehm weichen Untergrund. Sie traute sich nicht, die Augen zu öffnen.

»Wenn ich jetzt signalisiere, dass ich wach bin, denken die, ich bin gesund und schicken mich wieder weg.« Aber es fühlte sich alles so angenehm und warm an. Sogar die Schmerzen, an die sie sich jetzt gut erinnern konnte, waren weg.

Offensichtlich hatte sie wohl zufrieden gelächelt, denn die Stimmen wurden aufgeregt. Eine Hand legte sich sanft auf ihre und jemand stellte eine Frage.

»Na gut«, dachte sie, »dann bin ich halt wach.« Sie schlug die Augen auf und begegnete dem Blick eines jungen Arztes. Am Klang seiner Stimme erkannte sie, dass er eine oder mehrere Fragen stellte.

Sie verstand ihn nicht.

»Jak sie nazywasz? Skad jestes´?« Sie zuckte mit den Achseln.

»What´s your name? Where do you come from?” Aha, Englisch. Das konnte sie verstehen.

Sie öffnete den Mund, um zu antworten, aber es kam kein Ton heraus.

Verzweifelt schaute sie den Arzt und die junge Frau – die zivil gekleidet war – an.

Mit einer beruhigenden Stimme schien die Frau sie zu trösten. Sie hielt ihr eine Schreibtafel und einen Stift hin. Ja, so konnte sie die Fragen vielleicht beantworten.

Sie schrieb »Miranda???« dann zeichnete sie ein paar Bäume und vermerkte daneben »Forrest« und

»Wald«

Die junge Frau nickte, sagte etwas zu dem Arzt und ging.

»Everything will be alright, Miranda«, sagte er ruhig. Er kontrollierte die Monitore neben ihrem Bett, legte ihr prüfend seine Hand auf die Stirn und nickte ihr zufrieden zu, bevor er auch das Zimmer verließ.

Sie hatte bereits wieder ein starkes Schlafbedürfnis und gab ihm auch sofort nach.

Sie fühlte sich so wohlig und geborgen, dass es ihr im Moment nur wenig ausmachte, nicht zu wissen, wie sie in diesen Zustand geraten und wer sie überhaupt war. Hieß sie Miranda? Der Name kam ihr zumindest bekannt vor.

Als die Meldung im Polizeirevier Poznan hereinflatterte, hatte Kommissarin Ida Samulczyk gerade Dienst.

Sie las aufmerksam den Auffinde Bericht:

Meldende Stelle: städtisches Krankenhaus, Dr. Thomas´ Woitek

Auffinde Ort: Bahnhof Poznan, Zugabteil
Am 19.05.2012 22:38 Uhr

Personenbeschreibung: weibliche Person, Alter zwischen 40 und 50 Jahre, sehr kurzgeschnittenes (stümperhaft) Haar, braune Augen
1,64 m groß, schlank

Gesundheitszustand: massive Prellungen und Hämatome am gesamten Körper, vor allem im Gesichtsbereich, Rippenbruch, aufgerissenes linkes Ohrläppchen.
Am Hinterkopf eine tiefe Wunde (Aufprall oder Tatwaffe), die definitiv zu Gehirnerschütterung und Ohnmacht geführt haben muss, großer Blutverlust, nunmehr außer Lebensgefahr
Patientin ist wieder ohne Bewusstsein (muss zwischendurch wach gewesen sein)
Befragung war noch nicht möglich.

Sonstiges: Kleidung – Zerrissenes T-Shirt (neutral, ohne Aufschriften)
Ansonsten nackt. Hatte sich einen braunen alten Stoff umgewickelt.
Es wurden keine Hinweise auf die Identität der Frau gefunden.

Kommissarin Samulczyk fütterte ihren Computer mit den bekannten Daten auf der Suche nach einer solchen vermissten Person. In ganz Polen ergab sich nichts, was dazu gepasst hätte.

Das hatte aber nichts zu bedeuten, sie würden die Suche international ausweiten müssen.

Dazu wollte sie sich aber selbst ein Bild machen, im wahrsten Sinn des Wortes.

Sie nahm ihre Kamera und begab sich ins Krankenhaus.

Dort war Dr. Woitek eine kompetente Unterstützung.

Ida machte mehrere Fotos. Sie dienten aber lediglich zur Erfassung des momentanen Zustandes und zur Vervollständigung der angelegten Akte.

Mit diesen Aufnahmen konnte man Niemanden erkennungsdienstlich behandeln.

Das total entstellte Gesicht hatte kaum Ähnlichkeit mit einem menschlichen Wesen.

»Mein Gott, die ist wirklich schwerstens misshandelt worden. Sie hat bestimmt wahnsinnige Schmerzen«, wandte sie sich an Dr. Woitek.

»Schmerzen hat sie jetzt keine mehr, dagegen haben wir gottseidank Mittel. Aber man kann nicht wissen, welche Schäden im Gehirn zurückbleiben.«

»Ihr Peiniger hatte sie sicher für tot gehalten.«

»Davon gehe ich auch aus.«

Und dann war sie aufgewacht und die Suche nach ihrem Namen begann.

Kommissarin Ida Samulczyk hatte eine Dolmetscherin für englisch und deutsch mitgebracht.

Sie versuchten, das Geheimnis ihrer Identität und ihres Zustandes herauszufinden. Es gelang nicht, sie konnte nicht helfen. Ihr fehlte noch immer das Sprechvermögen, so sehr sie sich auch bemühte.

Die Schreibtafel war eine große Hilfe, und anhand ihres Wortschatzes wurde herausgefiltert, dass sie wohl Deutsche war.

Das half nicht wirklich weiter, weil sie weder Namen noch Adressen oder Telefonnummern wusste.

Alle sprachen sie mit Miranda an und das kam ihr wenigstens bekannt vor.

»Wie lange dauert es voraussichtlich, bis das Gesicht von Miranda wieder zu erkennen ist?«, wollte Ida von Dr. Woitek wissen.

»Das ist schwer zu sagen. Sie brauchen Fotos für die internationale Fahndung, oder? In einer Woche sollten die Schwellungen alle abgeklungen sein und die Verfärbungen zumindest heller. Wir wissen ja nicht, wie viele Tage sie schon im Freien – oder wo auch immer – gelegen hat, bevor sie aufwachte.«

»Nun ja, wir können nur abwarten und hoffen, dass sich doch noch ihr Erinnerungsvermögen einstellt.«

Sie versuchten weiter mit Hilfe der Dolmetscherin Licht ins Dunkel der Patientin zu bringen.

Ob sie verheiratet sei und Kinder habe. Welchem Beruf sie nachgehe und welche Blumen sie liebe.

Miranda gab sich große Mühe, fand aber keinen Zugang zu ihrem Hirnspeicher.

Das alles strengte sie sehr an und sie schlief immer wieder einfach ein.

Wenn sie dann wieder erwachte, kritzelte sie ein »Entschuldigung« und »sorry« auf ihre Tafel.

Sie war bei den Ärzten und dem Personal sehr beliebt, da sie eine freundliche und bescheidene Art an den Tag legte. Auch Kommissarin Samulczyk versprach sich innerlich, dass sie nicht locker lassen würde, diesen Mistkerl zu finden, der Miranda so gequält und weggeworfen hatte.

Sie bemühte sich jetzt verstärkt um Kontakte mit deutschen Polizeibehörden.

Aus drei Kommissariaten bekam sie Anfragen nach mehr und besseren Fotos und detaillierter Beschreibung der Unbekannten.

Dabei konnte sie die Anfrage aus München direkt ausschließen, denn die dort vermisste Person war 1,76 m groß. Aber die beiden anderen waren möglicherweise die Gesuchte.

Vieles stimmte mit beiden überein.

In Rostock wurde eine Corinna Kogler gesucht. Sie war achtundvierzig Jahre alt, 1,65 m groß und schlank und hatte kurzgeschnittene, lockige, dunkelbraune Haare und Sommersprossen.

Ihre Kleidung war nicht bekannt.

Aus Essen kam die Suchmeldung nach Susanne Helfling, sie war zweiundfünfzig Jahre alt, 1,64 m groß, mollig und hatte dichtes graues Haar.

Sie trug immer Jeans und T-Shirts.

Grob passten beide Frauen in das Raster, sie tendierte aber mehr zu Frau Kogler.

Obwohl Ida eigentlich schon Feierabend hatte, fuhr sie noch einmal ins Krankenhaus. Jetzt war sie auf der Suche nach Sommersprossen. Mit Hilfe einer Krankenschwester und einer großen Lupe suchten sie die blaugrüne Haut von Mirandas Gesicht ab.

Die Schwester gestand Ida, dass sie schon mehrfach mit den Tränen kämpfen musste, wenn sie die Patientin so zerstört in ihren Kissen liegen sah.

»Ja«, bestätigte die Kommissarin, «es ist auch in meinem Beruf nicht immer leicht, die Tatsachen so sachlich und emotionslos zu betrachten. Da kommt einem oft die kalte Wut.«

Sie waren fündig geworden. Die beiden nickten Miranda freundlich zu, konnten ihr aber verbal nicht klar machen, worum es ging. Die Krankenschwester nahm die Tafel, malte ein rundes Gesicht darauf und tupfte unter die Augen und um die Nase herum kleine Punkte. Sie zeigte auf Mirandas Gesicht und nickte ein kräftiges »Ja«.

Miranda nahm ihrerseits die Tafel und schrieb unter die Punkte: »Sommersprossen?« Nun war es an den beiden anderen, die Achseln zu zucken.

Befriedigt ging Ida zu ihrem Auto. Sie rief noch vom Parkplatz aus ihren Kollegen an, der als **der** Computerexperte im Team galt.

Sie schilderte ihre Vermutung, die richtige Frau gefunden zu haben.

»Ihr Gesicht ist aber so entstellt, dass ein Foto keine Ähnlichkeit erkennen lässt. Ihr habt doch aber mit Computerprogrammen die Möglichkeiten, aufgrund von vermessenen Daten des Gesichts eine Übereinstimmung zu finden. Jedenfalls habe ich das schon mehrfach in Krimis gesehen.«

»Du solltest vielleicht nicht so viele Krimis sehen? Doch, es stimmt, wir haben da viele Möglichkeiten.

Wenn du möchtest, stürze ich mich gleich darauf. Ich habe heute Spätdienst, bin also ohnehin in der Dienststelle.«

Sie verabredeten sich für die nächste halbe Stunde. Ida fuhr noch bei ihrem Lieblingsitaliener vorbei und sorgte für die Verpflegung einer eventuell langen Nacht.

»Ihr Name ist Corinna Kogler. Sie sind Lehrerin und mit Axel Kogler verheiratet. Sie haben eine gemeinsame Tochter Rosanna, die elf Jahre alt ist. Können Sie damit etwas anfangen?«

Letzte Gewissheit

Ein alter Schreibtisch aus Mahagoni, der mit seinen verschnörkelten Beinen und den Intarsien auf der polierten Tischplatte ein Relikt aus vergangener Wohlhabenheit war, nahm die Hälfte des Raumes ein.

Der Notar hatte darauf nur zwei weiße Blätter liegen, die mit einer akkuraten Handschrift bedeckt waren.

»Ich begrüße Sie alle herzlich zu diesem Termin und beginne nun mit der Testamentseröffnung.

Mein Testament

Ich, Annabell Ahrend, geborene Volkers, bestimme hiermit über mein Vermögen.

Ich bin im Besitz meiner geistigen Kräfte und habe Folgendes beschlossen:

Das Guthaben auf meinem Bankkonto, der Verkaufserlös aus dem Haus und dem Auto gehen je zur Hälfte:

> an meine Schwester Melitta Brighton – geb. Volkers, die in Australien lebt.

Sie erhält darüber hinaus alle Rechte, die mit der Vermarktung meiner Bücher zusammen hängen.

>und meine Nachbarn, Familie Helfried und Sandra Bischof.

Von dem Betrag, der der Familie Bischof zugeht, sind fünfzigtausend Euro für deren Sohn Paul Bischof anzulegen, bis er seine Berufsausbildung beginnt.

Ich bitte die Familie Bischof darum, mir ein anonymes Begräbnis auf dem Nordfriedhof
auszurichten.

Rudolstadt, den 14.10.2011 *Annabell Ahrend*

Hat jemand dazu Fragen?«

Von der Tür her, die während der Vorlesung von niemandem bemerkt aufgegangen war, kam der Ruf mit Annabells Stimme: »Tut mir leid, ich habe etwas vergessen! Meine Mutter, ich habe meine Mutter vergessen, die ist doch jetzt im Rollstuhl!«

»Nein, das geht nicht mehr. Das ist zu spät. Vergessen ist vergessen! Und tot ist tot!«

»Aber vielleicht bin ich ja gar nicht tot? Hat das mal einer überprüft? Er **will** nur, dass ich tot bin!

Mutti, verzeih mir. Ich will doch für dich sorgen, ich habe es nur vergessen!«

Tränenüberströmt rappelte sich Annabell von dem Holzfußboden auf.

Ihr Albtraum war so realistisch gewesen, dass es eine ganze Weile dauerte, bis sie eine surreale Wirklichkeit erkannte. Sie spürte fast unerträgliche Schmerzen in ihrem Kopf und im Rippenbereich.

Der Boden, auf dem sie lag, bestand aus geschliffenen Holzbrettern, ebenso die in Stufen angeordneten Bänke. Eine Sauna. Die Sauna von Corinna und Axel? Im Keller ihres Hauses?

Mühsam kam sie auf die Füße und setzte sich auf eine Holzbank.

Was war geschehen?

Die Erinnerungen kamen ziemlich klar und schmerzhaft.

Bereits nach dem ersten Klingen wurde ziemlich forsch die Haustür aufgerissen. Axel hatte sie wahrscheinlich auf dem Weg von der Straße her kommen sehen.

Ihre Worte: »**Du** warst das! Du hast…!« erstarben abrupt bei einem derben Schlag in ihr Gesicht.

Ein zweiter Schlag – heftiger noch als der erste – folgte sofort. Er stieß sie unsanft ins Haus. Sie stürzte.

Ein Zeichen für ihn, ihr sofort in die Rippen und in den Bauch zu treten. Auch ihre Arme bekamen Tritte ab, sie schützte mit ihnen ihr Gesicht. Fast bewusstlos zerrte er sie wieder auf die Beine, damit sie auf eigenen Füßen die Kellertreppe hinunter stolpern konnte.

»Wir reden später, du blödes Miststück!«, geiferte er mit irren Augen und verschwand. Dann war sie wohl weggetreten.

Als er wieder erschien, war er ruhiger.

»Für ´s Erste: wahrscheinlich brauche ich dich lebend – als Geisel. Also lass ich dich erstmal in Ruhe und überlege mir Plan B.

Hier ist was zu trinken. Außerdem hab ich aus deiner Tasche alle Tabletten raus, die du vielleicht brauchst. Heute Abend komme ich nochmal, da kannst du duschen, wenn du willst.«

Er war schon fast zur Kellertür hinaus, als er sich noch einmal umdrehte: »Es hat übrigens keinen Zweck, wenn du rumschreist. Die Nachbarn sind verreist und ansonsten gibt’s hier niemanden, der dich hören würde. Spar dir also deine Kraft.«

Zum Glück hatte er ihr die Medikamente hingeschmissen, die sie täglich nehmen musste. Auch das Wasser war jetzt wichtig.

»Bleib ruhig«, sagte sie sich und war selbst erstaunt, dass sie es wirklich war.

Die Schmerzen waren erträglich, da hatte sie schon andere erleiden müssen. Ihre Nase machte ihr Sorgen. Wahrscheinlich war sie gebrochen. Abgesehen von dem vielen Blut, das sie vorsichtig mit Papiertaschentüchern – die er ihr auch gelassen hatte – und einem Fetzen ihres T-Shirts abtupfte, fühlte sich die Nase etwas verschoben an. Sie benutzte das Glas in der Sauna Tür als provisorischen Spiegel und versuchte, äußerlich etwas zu erkennen. Mit beiden Händen betastete sie die Außenseiten der Nase. Das tat zwar tierisch weh, fühlte sich aber glatt an.

In der Ecke der Sauna fand Annabell einen Korb mit Wäscheklammern. Sie sortierte diejenigen aus, deren Spannung lockerer war. Mit zwei Papiertaschentüchern und drei Wäscheklammern konstruierte sie eine Nasenschiene. Sie hoffte, sie könnte so die Nase fixieren, damit sie nicht krumm zusammenwuchs.

Bei der Recherche zu einem Buch hatte sie gelesen, dass Nasenbeinfrakturen in der Regel von selbst wieder zusammenwachsen. Sie schob noch eine Art Tamponade aus dem Zellstoff in die Nasenlöcher, um das Blut zu stillen.

Zwei Schmerztabletten aus ihrem Medikamentenbestand sollten genügen, um vorerst durchzuhalten.

Mein Gott, war Axel brutal gewesen! Für sie war jetzt noch klarer, dass er für das Verschwinden

(den Tod?) von Corinna verantwortlich war. Oder doch nicht? War es seine Verzweiflung, nicht zu wissen, wo seine Frau war? Nein, er hatte von Geisel gesprochen. Man braucht keine Geisel, wenn man nicht getan hat.

Was war sie nur für eine dumme Gans, zu denken, sie könne den Fall allein aufklären?

Sie war in dem Glauben gewesen, die Polizei hätte die Suche aufgegeben und sie müsse helfen.

Was für ein Schwachsinn. Sie schämte sich jetzt. Aber sie hatte ihre Strafe bekommen.

Hoffentlich waren ihre Vorsichtsmaßnahmen ausreichend!

Bischofs und WinWin wussten über ihren Aufenthaltsort Bescheid. An die Kommissarin hatte sie den Stick mit Max Kolmars Geschichte geschickt. Man wird nach ihr suchen!

Wann? Frühestens am Montag. Ist es dann zu spät? Wird sie Axel als Geisel zu wertvoll sein um sie zu töten? Was sollte es ihm ausmachen, es noch einmal zu tun?

Außer der Saunakabine gab es in diesem Kellerraum noch eine Dusche, ein Toiletten- und ein Waschbecken und einen Stepper. Waschmaschine und Trockner waren ebenso hier untergebracht.

Überall Fliesenboden und alles sehr ordentlich und zweckmäßig.

Krampfhaft überlegte Annabell, was sie als nächstes tun, wie sie ihre Lage verbessern könnte.

Sie traute sich nicht, einfach ohne Axels Erlaubnis zu duschen. Wer weiß, was er dann wieder für Ausraster bekam. Ein anderes Bedürfnis war aber dringend und sie hielt sich nicht zurück, die Toilette zu benutzen. Auf das Geräusch der Wasserspülung war er sofort zur Stelle.

»Wie ich sehe, fühlst du dich hier schon zu Hause. Von mir aus kannst du nun auch duschen. Aus dem Keller kommst du sowieso nicht raus, bemüh dich gar nicht erst.«

»Was hast du mit Cora gemacht? Die Polizei ist dir bald auf der Spur. Stell dich doch selbst, du…«

Annabell hatte Angst in ihrer Stimme und Wut in ihren Augen.

»Halt doch nur dein Maul, du vertrocknete Pflaume! Wegen dir ist doch erst alles so eskaliert. Sie hat sich mit deinem Max oder wie der heißt, getroffen. Sie muss ja auch jedem Schwanz nachrennen! Du hast sie ermutigt, du blödes, emanzipiertes Weib! Denkst du, es war immer einfach zu wissen, dass sie mit jedem rumvögelt?«

»Deshalb bringt man doch aber niemanden um. Vielleicht hätte sie nur mal in Therapie gemusst?«

»Hast du überhaupt eine Ahnung von *irgendwas*? Lass mich besser in Ruhe, sonst passiert doch noch was Schlimmeres. …und übrigens war das ein Unfall, das mit Corinna.«

»Aber…«

»Halt endlich die Schnauze. Ich brauche mich vor dir nicht zu rechtfertigen!«

Mit diesen Worten rauschte er zur Tür hinaus und Anna hörte, wie er zweimal den Schlüssel umdrehte.

»Die Langeweile erschlägt mich«, dachte Vera Wendland, während sie die Badewanne lustlos putzte.

In Wirklichkeit hatte sie so gar keine Lust zum Saubermachen. Es war ihrer Meinung nach auch nicht nötig. Viel lieber wäre sie im Revier. Ihre neue Stelle im Kommissariat gefiel ihr.

Die meisten Ihrer Kollegen waren nett, die Umgebung angenehm und die Fälle spannend.

So hatte sie heute Morgen, als Peter noch einmal fragte, ob sie ihn nicht doch begleiten wolle, mit triftigen Gründen verneint. Sie müsse unbedingt auch heute am Samstag ins Büro. Es gäbe so viele neue Erkenntnisse, die keinen Aufschub duldeten.

Die reine Wahrheit war das nicht. Die reine Wahrheit wäre gewesen, ihm zu gestehen, dass sie um keinen Preis der Welt dem Besuch bei seinen Eltern beiwohnen wollte.

Sie war den beiden erst zweimal begegnet. Die Sympathiespanne zwischen »ganz nett« und »nervig« hatte sich die Waage gehalten. Ihr genügten davon kleinere Dosen.

»Wenn ich nun schon mal so *notgelogen* habe, kann ich ebenso gut auch wirklich gehen.«

Kurz entschlossen zog sie sich an und startete ihren VW. Peter würde wahrscheinlich über Nacht bleiben, so hatte sie keinen Zeitdruck.

Vera hatte sich – wie stets – chic gekleidet. Es kam ihr sehr entgegen, dass sie in ihrem Dienst Zivilkleidung tragen konnte. Natürlich achtete sie dabei auf solides Aussehen. Sie wollte weder Kollegen noch »Kundschaft« provozieren. Die heutige Mode bot dafür durchaus adrette Kleidung mit einem gewissen Pep. Nur bei Schuhen und Taschen hielt sie sich nicht zurück. Bei diesen Accessoires lebte sie sich voll aus.

Mit der neuen Tasche kämpfte sie gerade. Sie konnte ihren Dienstausweis und die Schlüsselkarte nicht finden. Der Pförtnerkollege, vor dem sie den Inhalt der Tasche gerade ausschütte, musste unverhohlen grinsen. »Das muss Ihnen nicht peinlich sein, das erlebe ich bei meiner Frau alle Tage.

Ich werde wohl nie verstehen, was Frauen in ihren Handtaschen alles mittragen müssen. Und wenn sie dann wenigstens mit ihrem eigenen Chaos zurechtkämen! Aber nein, wenn sie Schlüssel, Feuerzeug oder Taschentuch braucht, greift sie immer auf meine Hosentaschen zurück. Furchtbar!«, lächelt er verzeihend.

»Ach, meine benutzt das gleiche Parfüm wie Sie. Jetzt ist mir auch klar, warum ich Sie so gut riechen kann«, fügte er noch hinzu. Er hatte ihre Schlüsselkarte aus dem Chaos herausgefischt, das auch alle Sorten von »VW-Merchandising-Artikeln« enthielt. (Wenn man schon einmal ein eigenes Logo hat!) Der Kollege lächelte sie treuherzig an. »Bleiben Sie den gesamten Vormittag im Büro?«

»Ich kann´s noch nicht sagen, kommt darauf an, was so anliegt.«

Das war für ihn das Stichwort. Er drehte sich um und zog ihr die eingegangene Post aus dem Regal.

»Das alles ist für Ihre Abteilung eingegangen.«

Kommissarin Vera Wendland ließ sich in ihrem Arbeitssessel nieder und blickte sich zufrieden in ihrem Büroraum um. Halt, falsch. Den Raum teilte sie sich mit Kommissar Benno Becker.

Er war ein sehr erfahrener Kriminalist, der ihr gegenüber stets loyal auftrat. Sie mochte ihn gern.

Seine Art, wie er mit ihr anliegende Fälle besprach, wie sie gemeinsam Strategien und Hypothesen erörterten, gab ihr nicht das Gefühl, eine unerfahrene kleine Polizistin zu sein.

Ihre Zusammenarbeit war sachlich und damit auch fruchtbringend.

Natürlich hatte er heute frei. Seine Kinder waren zwar schon erwachsen, lebten aber beide noch zu Hause. So war das Wochenende für ihn ein wichtiger Teil der Familienidylle.

Die Einrichtung des Büros war ziemlich neu. Sie war vor einem Jahr – als sie selbst auch neu dazukam– angeschafft worden. Vera meinte, die hellblauen Wände hatten eine Struktur wie Toilettenpapier, was Benno Becker zum Schmunzeln brachte.

»Da haben wir noch Glück, mit unserem Blauen«, meinte er lachend. »Über uns die haben dasselbe in braun, das sieht dann aus wie gebrauchtes Toilettenpapier.«

Mit dieser Art von Humor konnte Vera gut umgehen. Dagegen mochte sie die Bemerkungen von einigen Kollegen, die sich auf ihr Aussehen bezogen, gar nicht. Sie waren oft anzüglich und manchmal auch unter der Gürtellinie.

Ihr Lieblingskollege war Daniel Hallmackenreuter. Er musste wohl bei seiner Geburt schon als Zugabe zu seinem Namen eine gehörige Portion Witz und Selbstironie mitbekommen haben. Natürlich wurde er ständig mit dem Loriot-Sketch konfrontiert und seine Frau hatte vorsichtshalber ihren Mädchennamen behalten.

In der Arbeit sachlich und kompetent, verpasste er andererseits keine Gelegenheit, die anderen zur guten Laune zu bewegen. Aber er war weit davon entfernt, als Witzfigur oder Pausenclown zu fungieren.

Vera hatte bemerkt, dass er heute auch im Dienstgebäude war und freute sich auf einen gemeinsamen Kantinenkaffee.

Der gestartete Computer signalisierte hinter dem rotierenden Polizeisymbol durch Blinkzeichen, dass aktuelle Nachrichten abzurufen waren.

Vera ließ diese starten und fand zu ihrem Erstaunen eine als »besonders dringend« gekennzeichnete Anfrage aus Polen. Sie erinnerte sich daran, dass Kommissar Becker mit den Kollegen aus Poznan über die Suchmeldung nach Corinna Kogler kommuniziert hatte.

Die Meldung war bereits ins Deutsche übersetzt worden. Die Computerexperten hatten eindeutig herausgefiltert, dass es sich bei dieser Frau in dem polnischen Krankenhaus um Frau Corinna Kogler handelte. Die Mediziner, die sie bisher untersucht hatten, waren sich ganz sicher, dass sie das Opfer eines Gewaltverbrechens war. Versuchter Totschlag – zumindest schwerste Körperverletzung, das musste nun untersucht werden.

Vera Wendland fiel ein, dass sie mit der Suche nach diesem Maximilian Kolmar keinen Schritt weitergekommen waren. Er war wie vom Erdboden verschluckt.

Jetzt wurde sein Auffinden noch dringender.

Offensichtlich konnte Frau Kogler selbst nicht zur Aufklärung des Tathergangs beitragen. Sie hatte ihr Gedächtnis noch immer nicht wiedererlangt.

Sollte sie Benno Becker benachrichtigen? Sie konnte sich nicht entschließen. Es hatte ja eigentlich auch noch Zeit bis Montag. Frau Kogler war in Sicherheit. Ein Besuch bei ihr würde sie in ihrem jetzigen Zustand nicht wesentlich voranbringen.

Vera wandte sich der Briefpost zu. Im Zeitalter des Internets waren Briefe fast schon eine Seltenheit.

Sie wurden fast nur noch versandt, wenn Beweismaterial beizufügen war.

Und diesem Polsterbrief aus Berlin war etwas beigefügt. Es lag ein Computerstick darin, dem ein Zettel angeheftet war:

Sehr geehrte Frau Kommissarin Wendland,

mit dieser Post lasse ich Ihnen die Aussage von Maximilian Kolmar zukommen, die er auf mein Smartphone gesprochen hat. Er wird sich am Montag selbst mit Ihnen telefonisch in Verbindung setzen. Ich glaube ihm und bin mir sicher, dass der Gesuchte Corinnas Ehemann ist.

Ich bin auf dem Weg zu ihm und denke, ich kann das aufklären.

Sollte ich mich bis Montag nicht bei Ihnen zurückgemeldet haben, bitte ich Sie, bei seiner Adresse nachzuforschen.

Mit freundlichen Grüßen Annabell Ahrend.

»Ja ist die Dame denn bescheuert?« Vera schrie es fast. Sofort war Daniel im Türrahmen erschienen.

»Hast du gerufen? Was ist los?«

»Die Ahrend – weißt du, die Autorin, von der ich letztlich so geschwärmt hatte – sie stellt Nachforschungen auf eigene Faust an! Die bringt sich dermaßen in Gefahr! Ich hatte sie für intelligenter gehalten!«

Vera Wendland war außer sich. Reuter – wie Daniel verkürzt genannt wurde, so dass Außenstehende dachten, es wäre sein wirklicher Name – kam jetzt ins Zimmer.

»Du kommst mir gerade recht. Wir hören uns mal gemeinsam eine Tonaufnahme an, die möchte ich nicht gern alleine deuten.«

Schweigen. Gemeinsames Schweigen.

Dann Reuter: »Ich hol uns erstmal einen Kaffee.«

Vom Korridor her hörte sie einen derben Tritt gegen den Automaten – an der Stelle ist der schon ganz wund. »Wenn das Ding keinen Kaffee ausspucken will, wozu steht er dann noch hier herum?«

Vera steckte den Kopf zur Tür heraus: »Lass uns in die Kantine gehen, ich habe auch Hunger.«

Samstags war das Angebot an der Theke nicht gerade reichhaltig. Sie entschieden sich jeder für ein Käsesandwich und einen großen Kaffee.

»Du musst den Becker anrufen. Er reißt dir den Kopf ab, wenn du bis Montag wartest oder allein etwas unternimmst«, sinnierte Daniel. Vera nickte etwas geistesabwesend mit dem Kopf.

»Nein, wie kann man nur so weltfremd sein. Ich hatte schon bei ihrem Buch die Befürchtung, sie sei nicht ganz von dieser Welt. Aber, na gut, ist ja ein Buch.«

»Es hat dir also nicht gefallen?«

»Na ja, geht so.«

»Wie hat sie denn die Schlussfolgerung treffen können, dass es der Ehemann war?«

»Weil er wohl gelogen hat. Er hat behauptet, an dem Tag der Abreise seiner Frau aus Thüringen keine Nachrichten von Corinna bekommen zu haben. Laut Aussagen von Maximilian Kolmar hat sie aber ständig Kontakt mit ihm gehabt. Für mich ist nach wie vor der Kolmar der Hauptverdächtige. Er redet sich jetzt nur sehr clever raus. Dem Ehemann habe ich seine Angst und Sorge dagegen abgenommen.«

»Habt ihr die Handydaten von Axel Kogler geprüft?«

Vera schaute peinlich berührt und schüttelte nur den Kopf. »Daran hat keiner gedacht. Er hat sie selbst vermisst gemeldet. War so leidgeplagt. Wir hatten uns dummer weise auf den Max eingeschossen.«

Daniel Reuter vermied es, einen Kommentar dazu zu liefern.

Wieder zurück im Büro, beschloss Vera, erst noch in Thüringen anzufragen, ob Frau Ahrend inzwischen zu Hause aufgetaucht sei.

Das wurde von Familie Bischof verneint. Die machten sich ihrerseits schon Sorgen, war Helfried doch das Telefonat am Donnerstag seltsam vorgekommen.

Vera versprach, sie auf dem Laufenden zu halten.

Dann ging alles sehr schnell. Kommissar Benno Becker ließ einen Polizei- und einen Krankenwagen ausrücken und fuhr selbst mit Kommissarin Vera Wendland zu Koglers Adresse. Sie informierte ihn im Auto über die Details, die ihr nun bekannt waren.

Das Haus war rundum verschlossen und niemand hörte auf Klingeln oder Klopfen.

Rettung in Sicht

Alles Rufen nutzte nichts. Es hörte sie keiner. Mit Mühe und unter großen Schmerzen zog sich Annabell noch einmal zwei Stufen höher. Sie hievte ihren Hintern von einem Absatz zum nächsten und kam so in Reichweite der Kellertür. Dort zog sie den anderen Schuh vom Fuß und knallte ihn wieder und wieder an die Tür. Wie oft, wie lange? Eine gefühlte Ewigkeit. Und Endlich, es geschah in dem Moment, in dem sie schon keinerlei Hoffnung mehr hatte: es öffnete sich die Kellertür einen Spalt breit.

»Frau Ahrend, sind Sie hier?«

Jetzt war alle Verantwortung von ihr abgefallen. Mit einem zufriedenen Lächeln versank sie in ihre Dunkelheit. Eine Mischung aus permanentem Schmerz, Schuldgefühl und panischer Angst vor der Ungewissheit hatte sie immer wieder in einen dämmerigen Wachzustand zurückgeholt, ohne dabei handlungsfähig zu sein. Sie ertrug den Schmerz, weil sie ihn als gerechte Strafe empfand.

Aber jetzt konnte sie sich fallen lassen. Alles würde gut werden.

Irgendwo hatte sie eine Lebensweisheit gehört: *Am Ende wird alles gut. Und wenn es nicht gut ist, ist es noch nicht das Ende.* Das hatte immer zu ihrer positiven Denkweise gepasst.

Jemand traktierte sie gerade mit leichten Ohrfeigen – rechts und links: »Frau Ahrend! Nicht wieder wegtreten! Wo ist Axel Kogler?«

»Da!«, sie zeigte mit ausgestreckter Hand zu der Tür am Ende der Kellertreppe. Ungeachtet ihrer eigenen Situation schiebt sie noch nach: »Er braucht bestimmt auch einen Arzt – wie ich.«

Zwei Polizei Beamte postierten sich sofort vor der Tür und brachten ihre Waffen in Anschlag. Ein Dritter drehte den Schlüssel und riss die Kellertür auf, ebenfalls die Waffe griffbereit. Axel Kogler kniete auf dem Fliesenboden. Er heulte laut und hielt sich die Hände vor die Augen. »Holt mal jemand den Notarzt runter!«, rief der Polizist seinen Kollegen zu.

Doktor Jacobi war gerade bei Annabell eingetroffen und untersuchte ihren Fuß.

»Gehen Sie ruhig erstmal zu dem Monster. Ich kann noch warten.« Anna lehnte sich an die Wand und biss die Zähne zusammen.

Mit schmerzverzerrtem Gesicht stammelte Axel auf die Nachfrage des Arztes, dass die blöde Fotze ihm irgendeine Chemikalie in die Augen gesprüht habe.

Dr. Jacobi schaute sich die Augen an und diagnostizierte: »Das muss ganz rasch mit reichlich Wasser ausgespült werden. Halten Sie Ihren Kopf schräg unter den Hahn, damit das Wasser in den inneren Augenwinkel läuft und wieder abfließen kann. Wir müssen ausdauernd spülen. Und es sind ja auch noch beide Augen betroffen! Wir machen dann einen keimfreien Verband und in der Klinik spülen wir noch einmal mit einer polyvalenten amphoteren Lösung. Das sollte dann ausreichen.«

Während Dr. Jacobi spülte und erklärte, hatte Axel mit seiner linken Hand blitzschnell nach dem nächststehenden Polizeibeamten gegriffen. Der verfolgte aufmerksam den Vorgang und es entging ihm für eine Sekunde, dass Axel ihm seine Waffe aus dem Halfter entwendete.

Zum Glück hatte dies der Arzt bemerkt. Er knallte Axels Kopf rücksichtslos und derb auf den Beckenrand. Vor

Schmerz und Schreck ließ dieser daraufhin die Pistole fallen.

Sofort wurden ihm die Arme nach hinten gedreht und mit Handschellen fixiert.

Dann zerrten sie ihn unduldsam zur Treppe nach oben.

Als er an Annabell vorbeigeführt wurde, trat er sie heftig in die Seite und spuckte auf sie herab. »Es war ein großer Fehler, dich nicht auch gleich zu erschlagen!«

Annabell schrie vor Schmerz auf. Nahm das denn gar kein Ende?

Auch - er hatte *»Auch«* gesagt. Das war ja so etwas wie ein Geständnis. Die Kommissare hatten es ebenfalls gehört. Nun würde er doch hoffentlich verraten, was er mit Corinna gemacht hatte und wo sie zu finden war.

Axel war umgehend in das Polizeipräsidium verbracht worden, nachdem ein Arzt sein Gesicht verarztet hatte. Kommissar Becker begleitete ihn zu einer ersten Vernehmung.

Die Beamtin Vera Wendland begleitete Annabell in ein nahegelegenes Krankenhaus. In der Wohnung hatte sie Annabells Handtasche, ihr Smartphone und ihre Autoschlüssel gefunden. Aus dem Kofferraum hatte sie dann einfach die Reisetasche heraus- und in das Krankenhaus mitgenommen. Auch sie hatte natürlich jede Menge Fragen, geduldete sich aber, bis Annabell medizinisch durchgecheckt war.

Annas Nasenbein war gebrochen aber nicht verschoben. Es würde von selbst gerade und ohne Komplikationen korrekt zusammenwachsen. Die blauen und grünen Flecken ließen es dramatischer erscheinen, als es war.

Dagegen diagnostizierten die Ärzte eine Fraktur ihres linken Außenknöchels. Das muss operiert werden. Das Sprunggelenk war jedoch so sehr geschwollen, das daran vorerst nicht zu denken war.

Das Bein muss zuerst hochgelagert und gekühlt werden. Schmerzmittel machten ihr den Zustand erträglich.

Wie sie so in Ihrem Bett lag – ein bedauernswertes Häuflein Elend – hatte diese Frau so gar nichts mit jener attraktiven, selbstbewussten Autorin gemein, die Vera bei ihrem ersten Zusammentreffen so beeindruckt hatte. Sie tat ihr leid, und ihre anfängliche Wut war verraucht.

»Bevor Sie mir berechtigte Vorwürfe machen können, möchte ich mich für meine Naivität und meinen dusseligen Alleingang entschuldigen. Ich weiß, das war das Dümmste, was ich je fertiggebracht habe.«

»Sie haben Recht, Frau Ahrend. Sie sind dafür wohl auch schon genug gestraft. Ein paar Fragen müssen Sie mir aber doch beantworten. Geht das?«

»Ja, ja. Ich will ja auch unbedingt helfen, … wenn ich kann«, beendete sie kleinlaut den Satz.

»Wissen Sie inzwischen schon etwas von Corinna?«

»Dazu kommen wir später. Am besten wäre es, wenn sie mir schildern, wie es nach der Smartphone Aufnahme des Herrn Kolmar weiterging.«

»Er hat Sie auch überzeugt, Ja?«

»Na ja, das war alles recht glaubhaft. Ich denke aber trotzdem, dass er sich auf sehr geschickte Weise ein Alibi gezimmert hat. Wir werden weiter nach ihm fahnden. Seine Computer-Kriminalität ist dabei nicht unsere Aufgabe.«

»Entschuldigung«, warf Annabell nachdenklich ein, »der Arzt sagte vorhin: *heute, Sonnabend, der 24.05*. Ist denn heute Sonnabend*?«*

»Korrekt, wo ist das Problem?«

»Dass in meinem Kopf ein Tag fehlt. Und dass Sie hier sind! Dass Sie demnach meinen Brief schon erhalten haben. Ich hatte im Hotel ausdrücklich Anweisung gegeben, dass die den Umschlag erst am Sonnabend wegschicken sollen!«

»Zum Glück haben die sich – aus welchen Gründen auch immer – nicht daran gehalten. Ich höre…«

»Wie gesagt, ich war so dämlich, zu glauben, dass ich Axel nun ganz leicht überführen könnte.

Für mich ist **er** der Schuldige. Er hatte offensichtlich gelogen. Damit würde ich ihn konfrontieren und er würde alles reumütig gestehen und mir zeigen, wo wir Corinna finden könnten – natürlich gesund und munter.«

»Wenn wir solche Fälle in der Wirklichkeit hätten – oder solche Lösungen – wir würden Märchenbücher schreiben«, konnte sich Frau Wendland nicht verkneifen.

»Ich hab ja schon zugegeben, dass ich nicht stolz auf meinen Einfall bin.

Als er seine Haustür aufriss und mich sah, versetzte er mir sofort mehrere Schläge ins Gesicht, noch bevor ich wirklich etwas sagen konnte. Dabei hat er mir das Nasenbein gebrochen. In seinem Saunakeller schloss er mich ein. Es hatte keinen Sinn, zu versuchen, diese Brandschutztür irgendwie bewegen zu wollen. Er gab mir zum Glück meine Medikamente, die ich noch immer nach diesen vielen Unfall-Operationen nehmen muss und versorgte mich auch mit Wasser und etwas zum Essen. Meine Handtasche bekam ich natürlich nicht.

Ich hatte wohl Glück, dass er mich als Geisel benutzen wollte, denn er plante seine Flucht.

Axel hat mir erklärt, er hätte Corinna nichts angetan, es sei ein Unfall gewesen. Lebt sie denn noch? Haben Sie sie gefunden?«

Annabell sprach nicht weiter, erst wollte sie eine Antwort. Widerwillig ließ sich Vera Wendland dazu herab und bejahte, dass Corinna Kogler lebend gefunden worden sei.

Annabell holte tief erleichtert Luft. Sie konnte die Tränen nicht aufhalten. Nach so vielen Tagen endlich eine gute Nachricht. War es eine gute Nachricht?

»In welchem Zustand ist Corinna? Wie geht es ihr? Kann ich sie sehen?«

»Frau Ahrend, ich hatte Ihnen einen ausführlichen Bericht versprochen. Wir sollten – bitte – erstmal ihre Aktion abschließend behandeln. Was hat Herr Kogler denn gesagt, wo und wie es zu dem angeblichen Unfall gekommen sei?«

»Nein, er hat gar nichts gesagt. Nur, dass er nicht Schuld wäre. Er hatte mich wieder in der Saunakabine zurückgelassen, wo ich auch auf den Holzbänken schlafen könnte. Wenn heute Sonnabend ist, muss ich dort wohl zwei Nächte geschlafen haben, oder? … Nein, ich weiß es wieder.

Am Freitag war er morgens mit Wasser und einer Scheibe Brot gekommen, um mir mitzuteilen, wie er sich die Geiselübergabe vorstellte. Aber da erwartete ***ihn*** eine Überraschung«, Annabell lächelte pfiffig – Vera meinte für sich *dämlich.*

»Als er sich etwas bückte, um das Tablett abzustellen, sprühte ich ihm mit der Dose Fleckentferner, die ich hinter meinem Rücken versteckt hatte, direkt in die Augen. Der Überraschungseffekt war natürlich auf meiner Seite. Er brüllte vor Schmerz, rieb sich die Augen und rannte zum Wasserhahn.

In diesem Moment konnte ich aus dem Keller fliehen und die Tür von außen zuschließen. Er saß jetzt in seiner eigenen Falle und konnte nichts – gar nichts tun. (Annabell lachte, und es klang tatsächlich unnatürlich und dämlich).

In Panik rannte ich die Kellertreppe hinauf und knickte meinen Fuß derart um, dass ich alle Stufen wieder hinunter fiel. Auf der Treppe muss ich dann wohl den ganzen Freitag – einschließlich der Nacht – verbracht haben. Ich weiß davon nicht wirklich viel. Ich war sicherlich immer wieder weggetreten. Bisher habe ich High Heels immer geliebt, habe damit auch nie Probleme gehabt.«

Unwillkürlich hatte Vera Wendland einen ihrer Füße hochgehoben. Pumps vom Feinsten: dünnes Leder, schmaler, hoher Absatz und tolles Design.

Annabell warf einen neidischen Blick darauf. »Auf diese Art von *eyecatcher* muss ich wohl in Zukunft verzichten«, gab sie wehmütig von sich.

»Ich könnte mich davon auch nur sehr schwer trennen«, solidarisierte sich die Kommissarin mit ihr.

»Rein Interesse halber: wie sind Sie denn an dieses Fleckenspray gekommen? Und warum hat Ihnen Kogler nicht die Hände gefesselt?«

»Er war wohl der Meinung, dass ich von da unten aus keine Gefahr war, keine Möglichkeiten der Abwehr hatte. Er hatte vorher noch eine Schere, Kleiderbügel und Stücken von Wäscheleine weggenommen. Aber er hat nicht überlegt, dass in diesem Raum – der auch zugleich Waschraum war – alle möglichen chemischen Substanzen rumstehen könnten. Ich bin ja auch nicht gleich darauf gestoßen. Ich hatte aber Zeit zum rumschnüffeln und fand schließlich einige Hilfsmittel in einem kleinen Schränkchen. So waren sie von außen nicht zu sehen und er kannte sich mit der Wäsche sicher nicht aus.«

Mit sehr gemischten Gefühlen – sie wusste nicht, ob sie sich erlauben konnte, zufrieden zu sein – sank sie schließlich in das saubere Kissen und schloss die Augen.

Leise und rücksichtsvoll entfernte sich Vera vom Krankenbett.

»Mögen Sie chinesisch?«, weckte sie Vera Wendland aus einem langen, erholsamen Schlaf.

»Ente süßsauer«, war der Abschluss dieses kurzen Telefonats.

Vera stellte eine halbe Stunde später Annabells Kopfteil hoch und legte ein Handtuch über ihre Bettdecke. Aus einer Wasserflasche goss sie zwei Plastikbecher voll. Gierig trank Anna und bemerkte unvorbereitet, aber freudig überrascht, dass es Wein war.

Vera hatte zu den beiden Gerichten sowohl Stäbchen als auch Gabeln bereitgelegt und sie begannen, genüsslich zu essen. Bewundernd schaute Vera zu, wie gekonnt Annabell die Stäbchen handhabte.

Sie versuchte es auch kurz, befürchtete aber, dass über ihre Ungeschicklichkeit die Ente kalt würde und aß mit der Gabel weiter.

Sie sprachen während des Essens nur über belanglose Dinge – Schuhe, Handtaschen und Lieblingsblumen.

»Schade, dass wir uns nicht unter normalen Umständen kennengelernt haben, wir haben viele Gemeinsamkeiten«, bedauerte die Kommissarin.

»Das lässt sich doch ändern. Falls ich es doch noch schaffe, nach Australien auszuwandern, besuchen Sie mich dort. Ich habe dann eine Urlauberpension.«

»Das würde meinem Freund gut gefallen, vielleicht komme ich darauf zurück.«

Sie stand auf und sammelte das Geschirr ein, um es aus dem Zimmer zu schaffen.

Als sie ins Zimmer zurückkam, schnüffelte sie kurz: »Wir haben sogar das gleiche Parfüm«, lachte sie.

Die nachfolgende Berichterstattung brachte Annabell auf den neuesten Stand der Ermittlungen.

Die Kommissare waren weit gekommen.

Annas erste Sorge hatte dem derzeitigen Aufenthalt und dem momentanen Zustand Corinnas gegolten. Sie erfuhr, dass die Freundin noch immer in dem Krankenhaus in Poznan lag. Man wollte dort die begonnenen Untersuchungen und Tests noch abschließen.

Cora hatte ihr Gedächtnis leider nicht wiedererlangt. Sie konnte nicht sagen, was in den letzten Tagen mit ihr geschehen war und wie sie überhaupt nach Polen gelangt war.

Zum Glück war Corinnas Schwester ohne Rosanna nach Polen gefahren, um nach ihr zu sehen. Cora erkannte Anja nicht und für Rosanna wäre das ein tüchtiger Schock gewesen.

Alles in allem fühlte sich Corinna körperlich wieder gut und sie ging auch recht vernünftig mit ihrem Gedächtnisverlust um. Sie freute sich über Anjas Besuch und dass sie endlich wieder in ihrer Muttersprache kommunizieren konnte.

Sie sei froh, eine so nette Schwester zu haben und sei unheimlich neugierig auf ihre Tochter. Der Frage nach einem Ehemann kam Anja zuvor, indem sie Cora darlegte, dass alle anderen Verhältnisse später geklärt werden sollten.

Anja hatte in Halle eine Psychologin konsultiert. Die hatte geraten, ihre Schwester bei sich wohnen zu lassen – zumal Rosanna sich ohnehin schon dort aufhielt.

Platz hatte sie ausreichend und es gab so auch die Möglichkeit, dass Cora in ihrer Bäckerei helfen konnte und sich nicht so unnütz fühlte.

Die Psychologin vermutete, dass Cora weder beruflich noch im Alltag in ihre gewohnte Umgebung zurück konnte. Sie würde sie dann auch medizinisch betreuen. Niemand konnte eine Aussage treffen, wann und ob das Erinnerungsvermögen zurückkäme.

Die polnische Kriminalbeamtin Ida Samulczyk hatte eine ausführliche Fall Akte nach Deutschland geschickt. Alles war übersetzt worden und dokumentierte ziemlich ausführlich den Verlauf seit Corinnas Auffindung.

Es lagen viele Fotographien bei, die eine unmenschlich geschundene Frau zeigten. Das Gesicht schillerte in allen Farben und war total verquollen und an vielen Stellen die Haut aufgeplatzt. Das linke Ohrläppchen war eingerissen, am Hinterkopf klaffte eine tiefe Wunde.

Der gesamte Körper war mit Prellungen und Hämatomen überzogen und auf der linken Seite waren zwei Rippen gebrochen.

Theoretisch hätte sie tot sein müssen, und das hatte ihr Peiniger wohl auch gedacht.

Corinna konnte beschreiben, wie sie in den Zug gekommen war, denn das aktuelle Geschehen hatte sie in ihrem Hirn parat. So suchten die polnischen Kriminalbeamten mit Hilfe eines Hundes nach Spuren, zum Beispiel nach dem zweiten Ohrring. Sie fanden ihn nicht.

Da es über Tage geregnet hatte, ließ sich auch sonst keine Spur finden. Der Regen war aber Coras Glück gewesen.

Wenn auch nur wenig Nässe zu ihr durchdrang, bewahrte es sie vor eventuellem Flüssigkeitsverlust.

Sie hatte keinerlei Papiere in ihrer Kleidung. Sie war ein Rätsel.

Erschütternd

Kommissar Benno Becker hatte ausführlich und eindringlich die Vernehmung von Axel Kogler geführt.

Er war dabei nicht zimperlich und bewegte sich geradezu am Rande des Erlaubten.

Axel hatte letztlich zugegeben, Bilder von Corinnas Handy erhalten zu haben.

Na und? Darauf hatte er nur sehen können, wie sich in der Glasscheibe des Tankstellen-Restaurants

eine männliche Gestalt spiegelte, die ihr gegenüber an ihrem Tisch saß. Ihm war klar, dass Cora sich lieber mit einem Kerl zum Vögeln getroffen habe, anstatt ihre Tochter in Halle zu besuchen.

Das hatte ihn natürlich wütend gemacht und er hatte sich geschworen, ihr gehörig den Marsch zu blasen.

Das war es aber auch schon. Nein, er hatte sie nicht getroffen. Nein, er hatte ihr nirgends aufgelauert.

Sie war nicht nach Hause gekommen und er musste sie schließlich vermisst melden.

Niemand könne etwas anderes beweisen. Der Kerl – wahrscheinlich dieser Stalker – wollte nur seinen eigenen Arsch retten, wenn er etwas anderes behauptete. Axel bewegte sich auf sehr dünnem Eis.

»Was hatte die Bemerkung zu Frau Ahrend zu bedeuten: *Es war ein Fehler, dich nicht auch gleich zu erschlagen?«*

»Das hat die blöde Kuh falsch verstanden.« »Aber Kommissarin Wendland hat es auch gehört.« »Dieselbe blöde Kuh.«

Für seine Verhaftung sei bereits ausreichend, was er Frau Ahrend angetan habe, wies ihn Kommissar Becker zurecht.

Aber er wolle zuerst wissen, was mit seiner Frau geschehen sei.

Das wolle er auch wissen, sagte Axel. Es interessiere ihn auch, was Frau Ahrend für eine Strafe erhielte, die könne ihm ja wohl nicht auch so mir nichts, dir nichts Chemikalien in die Augen sprühen.

»Na Sie machen mir Freude«, Becker musste höhnisch lachen. »Das war ja wohl eindeutig Notwehr!«

Kommissar Becker konfrontierte ihn danach damit, dass man sein Auto nach Spuren seiner Frau untersucht hätte.

Das amüsierte Axel. Natürlich seien Spuren seiner Frau in seinem Auto. Was sollte das?

Nein, es waren aber eben *keine* Spuren seiner Frau in seinem Auto. Was sollte denn das?

Es war sehr sorgfältig gereinigt worden.

Das müsse man ja auch mal – von Zeit zu Zeit, konterte er.

»Vor allem, wenn man nicht möchte, dass jemand herausfindet, dass man seine Frau auch schon mal im Kofferraum transportiert?«

Axel Kogler glotzte den Kommissar verdutzt an und schüttelte den Kopf. »So ein Schwachsinn!«

Kommissar Becker hatte nun die Faxen dicke. Er knallte seine flache Hand auf die Tischplatte, so dass Axel erschrocken auffuhr.

Unter der Hand wurde ein Plastikbeutelchen mit einem Ohrring darin sichtbar.

»Den hat unser Hund in Ihrem Kofferraum gefunden. Er war in das Profil des Ersatzreifens gerutscht und deshalb von Ihnen übersehen worden. Herr Kogler, es hat doch keinen Zweck. Schildern sie uns doch einfach, was vorgefallen ist.«

»Der Ohrring gehört nicht meiner Frau…«, war der stotternde Versuch Koglers.

Jetzt mischte sich Kommissarin Wendland ein, die gerade in den Verhörraum gekommen war:

»Ich weiß ja nicht, warum Ihre Frau fremder Leute Ohrringe trägt, aber den anderen hat sie noch.«

Erschrocken blickte er auf. »Heißt das, dass Sie meine Frau gefunden…, dass Sie wissen, wo sie ist?«

»Krach!« Die Eisdecke gab nach und brach ein.

Als der Kommissar einfach nur nickte, brach Axel Kogler zusammen.

Er nahm beide Hände vors Gesicht und schluchzte ergreifend.

»Ich hab das nicht gewollt, ***so*** hab ich das nicht gewollt!«, stammelt er wiederholt.

Dann legte er ein volles Geständnis ab.

Ich bekam auf meinem I-Pad ein Bild von ihr aus der Raststätte. Ein Mann, der ihr gegenübersaß, war deutlich in der rückwärtigen Fensterscheibe zu erkennen.

Als ich sie gleich darauf anrief und fragte, wo sie sei und mit wem sie sei, behauptete sie, allein dort zu sitzen.

Es war ja nicht das erste Mal, dass sie log, wenn sie fremde Männer traf.

Wissen Sie, wie Scheiße das ist, wenn man weiß, dass die Gattin nur auf Gelegenheiten wartet, um mit anderen Kerlen rumzuficken? Ich habe das so satt! Auf diesem verdammten Ausflug mit ihrer Freundin – die dagegen eine so vertrocknete Pflaume ist – hatte sie bestimmt auch keine Gelegenheit ausgelassen.

Ich befahl ihr, in der Raststätte auf mich zu warten. Ich wusste, dass sie das befolgen würde, denn sie war immer um schönes Wetter bemüht, um ihre Sünden wieder gut zu machen.

Als ich dort ankam, war sie wirklich allein. Aber ihre Augen strahlten so provokant zufrieden und ihre etwas verschämte Art, mich flüchtig zu küssen, kannte ich ja schon von anderen Ausschreitungen.

Mein Gott, was war ich das satt!

Ich eröffnete ihr auch unumwunden, dass sie mit dem Theaterspielen aufhören könnte. Ich würde das nicht länger dulden und endlich die Scheidung einreichen.

Das traf sie. Aber der Schock hielt nicht lange an. Sie sagte mit höhnischem Lachen, dass sie dann ja froh sein könne, wenigstens noch diese Gelegenheit mit einem so tollen Mann genutzt zu haben. Im Bett wäre ich ohnehin die größte Niete, die sie je erlebt hätte.

Da zerrte ich sie wütend vom Stuhl und nach draußen. Sie ging auch mit, wollte ja auch kein Aufsehen vor fremden Leuten. Mehr oder weniger unsanft stieß ich sie in mein Auto und sagte, dass wir ihres später holen würden, ich müsste sie jetzt unter Kontrolle haben.

Abseits aller Wege – an einem Waldrand – riss ich sie aus dem Wagen und drohte ihr an, dass ich ihr zeigen würde, wie gut ich sie bedienen könnte.

Es war eine Vergewaltigung. Sie wehrte sich vehement und sehr grob.

Daraufhin schlug ich sie mehrfach und trat auch nach ihr. Plötzlich lag sie völlig ruhig da. Kein Wort, keine Bewegung. Sie war bei dem Gerangel mit dem Kopf auf einen Grenzstein geknallt und blutete sehr stark. Was konnte ich tun? Sie gab absolut kein Lebenszeichen von sich und atmete auch nicht mehr. Ich wollte sie unbedingt loswerden. Warum hätte ich sie noch in ein Krankenhaus bringen sol-

len? Sie war tot. Das hatte ich nicht gewollt, aber wenn es nun mal so war?

Ich hievte sie in meinen Kofferraum und fuhr einfach los, irgendwohin.

Ich hatte kein Ziel. Mein Hirn schaltete sich erst nach mehreren Kilometern ein. Irgendein gutes Versteck, wo man sie nicht finden würde, musste mir einfallen.

So fuhr ich erst einmal über die polnische Grenze und auch noch weiter ins Land.

Wiederrum in einem Wald legte ich sie unter Laubbäumen ab und bedeckte sie mit loser Erde und Laub. Vorher hatte ich ihr noch die Haare ziemlich kurz abgeschnitten, um eine eventuelle Erkennung zu erschweren. Die alte Schere hatte ich immer im Auto im Werkzeugkasten.

Nachdem ich mich einigermaßen beruhigt hatte, fuhr ich zurück über die Grenze und beschloss, sie selbst als vermisst zu melden.

Eine Zeit lang schien meine Rechnung ja auch aufzugehen, weil Sie vor allem diesen Max verdächtigten.

Dann kam plötzlich diese Schnepfe Annabell an, sie brauchte gar nichts zu sagen. Ich musste sie irgendwie ruhig stellen. Mein Fehler, dass ich sie nicht auch erschlagen habe.

Aber wie zum Teufel hatten Sie Corinna gefunden und identifiziert?

»Sie hatte sich aus dem Wald befreien können und es in einem Eisenbahnwaggon in die Zivilisation geschafft.«

»Was! Sie lebt…?« Axel Kogler sackte in seinem Stuhl zusammen und wurde von zwei Polizisten in eine Zelle gebracht.

Die Kommissare Wendland und Becker sahen sich an und schüttelten betrübt die Köpfe.

»Ich konnte mich während seines Geständnisses kaum zurückhalten. Aber ich hatte Angst, wenn ich ihn in seinem Lauf stoppe, hört er auf, zu erzählen«, meinte Ben Becker.

»Ja, genau so ging es auch mir. Es war stellenweise fast unerträglich. Ich werde dann gleich Frau Ahrend anrufen. Sie sollte wissen, dass wir nun den gesamten Verlauf kennen.«

Wie ein Krake streckte sie ihre vielen Arme nach allen Seiten aus. An jedem Ende zerrte einer daran und wenn sie nicht achtgab, würde man sie zerreißen. Das fühlte sie körperlich, schmerzhaft.

Obwohl es nur ein Traum war, wie sie jetzt im Aufwachen erleichtert feststellte, blieb dieses Gefühl.

Jeder wollte etwas von ihr, dabei hätte Annabell selbst gern eine starke Schulter gehabt.

Morgen, morgen würde WinWin kommen. Er hatte freudig zugesagt, mit dem Zug nach Rostock und anschließend mit ihrem Auto ins Klinikum nach Jena zu fahren.

Die Ärzte hatten ihr Verhaltensmaßregeln und medizinische Unterlagen gegeben. Da ohnehin die Schwellung erst zurückgehen musste, konnte der Fuß genauso gut auch in Jena operiert werden.

Auf diese Weise kamen Annabell und ihr Auto (hoffentlich) wohlbehalten nach Thüringen zurück. «Was! Du bist schon wieder im Krankenhaus? Kannst du nicht vielleicht mal besser auf dich aufpassen? Ich hätte dich dringend hier gebraucht, und du hast es auch versprochen!«

So war die Reaktion ihrer Mutter, die sich schließlich etwas beruhigt hatte. »Warum lässt du dich nicht wenigstens in Gera operieren, da hätte ich dich doch täglich besuchen können – auch mit dem Rollstuhl.« Ein täglicher Besuch ihrer Mutter. Das klang für Annabell eher wie eine Drohung als ein Versprechen. Gut dass sie Jena entschieden hatte. Eigentlich wegen WinWin. Er hatte ja gesagt, er hätte nächste Woche in Jena zu tun.

Kommissarin Wendland hatte angerufen und sich entschuldigt, dass sie es nicht schaffe, nochmal persönlich vorbeizukommen. In groben Zügen informierte sie Anna über die Vernehmung von Axel Kogler. Da sich Anna bereits sicher gewesen war, dass nur Axel an Corinnas Verschwinden Schuld haben musste, war sie kaum überrascht. Sie selbst wollte keine Anzeige gegen ihn erstatten, sagte sie, aber für Cora sollte er eine gehörige Strafe bekommen. Sie war nur froh, dass die das alles überlebt hatte. Vera Wendland verabschiedete sich erstmal von ihr mit der Vermutung, dass man sich auf alle Fälle nochmal wiedersehen würde. Noch vor Australien. Als Zeugin würde Anna mit Sicherheit aufgerufen werden.

Ein weiterer Anruf kam von einer Frau Susanne Behrendt. Sie kannte sie nicht und fühlte sich zuerst verscheissert. Ahrend – Behrendt – gibt´s Cehrend auch noch?

Unsicher stotterte die Teilnehmerin am anderen Ende der Leitung: » Wir hatten uns neulich mal in dem Kaufhaus in Jena getroffen. Da hatten Sie mir Ihre Karte gegeben.«

»Ja, jetzt erinnere ich mich, Entschuldigung.«

»Es ist o.k. Ich wollte eigentlich nicht anrufen. Aber ich bin jetzt paarmal wieder meinem Spiegelbild begegnet und dachte, es müsste sich wirklich etwas grundlegend ändern. Sie sahen so aus, als könnten Sie mir wirklich helfen.«

»Sie haben Humor und die Fähigkeit zur Selbstkritik. Das ist schon einmal eine gute Grundlage.«

Sie vereinbarten ein Treffen im Jenaer Krankenhaus. Das wäre für beide kein Umstand.

Annabells Vater hatte in seiner mail nachgefragt, ob denn der Bruch so schlimm sei und ob sie lange

lahmgelegt sei. Es läge ihm viel daran, dass sie sich um ihre Mutter kümmern würde, so hilflos wie die jetzt wäre. Anna war wütend und schrieb einfach nur zurück: »Ach, kümmre dich doch selber!«

War sie nur für alle die Nothilfe?

Nein. Im Falle von Sandra war sie selbst diejenige, die Hilfe brauchte.

Sie bat ihre Nachbarin, außer den schon praktizierten Liebesdiensten – wie Blumen gießen und Post aus dem Kasten holen und sichten, auf ihrem Wandkalender nach fälligen Terminen zu schauen, die sie dann eventuell absagen oder Winni aufs Auge drücken musste.

Sandra fragte nur nach, ob sie da auch Paul mit einspannen könnte. Der war ganz scharf darauf, ihr zu helfen. Im Übrigen war er jetzt sehr häufig bei Herrn Scheidig, um die Grundlagen der Imkerei zu erlernen.

Annabell hatte Frau Wendland eigentlich noch fragen wollen, ob es Sinn mache, Corinna demnächst zu besuchen. Aber einerseits hatte sie sich gerade selbst ausgebremst. Corinna sollte andererseits wohl auch erstmal in ihrer neuen Umgebung vertraut werden, bevor sie neue Herausforderungen gestellt bekommt.

Ahnungen

Aber der Hammer, der absolute Hammer war die E-Mail ihrer Schwester Melitta:

Mein liebes Schwesterherz, es tut mir so leid, zu hören, dass du dich schon wieder in ein Krankenhaus gelegt hast. Das hatte sich mit deiner Freundin ja nicht eben gut entwickelt.

Ich hoffe, dein Knöchel heilt schnell und alles andere findet seine Ordnung.

Ich warte wirklich sehnsüchtig auf dich.

Nach unserer Mutter frage ich nicht interessehalber, sondern nur, ob du eine Lösung für ihre Zukunft finden konntest. Ich weiß, dass du vorher keine Ruhe gibst.

Aber bringe sie ja nicht mit hierher, ich will sie nicht sehen – nie mehr!

Ach Ännchen! Ich weiß, dass du das nicht verstehst und sicher auch nicht akzeptierst. Aber nur, weil du nicht alles weißt. So denke ich, ist es an der Zeit, dich nach mehr als dreißig Jahren aufzuklären.

Es fällt mir sehr schwer. Ich wollte niemals darüber reden. Aber ich will auch nicht, dass du denkst, ich sei ein gefühlskaltes Monster.

Heute bin ich eine erwachsene Frau, mit Ehegatten und zwei tollen Kindern. Man sollte meinen, die Vergangenheit spielte keine Rolle mehr. Aber es tut auch heute noch weh!

Ich muss dich im Vorfeld auch gleich um Entschuldigung bitten. Oft hatte ich dich damals beneidet und sogar gedacht, es sollte doch besser dir passieren. Verzeih mir bitte!

Dabei hatte ich ja sogar Privilegien. Ich weiß wohl, dass ich der Liebling von Paps war.

Aber was half mir das, als er aus unserem Leben verschwand? Da war ich auch der Liebling der anderen Männer, die Mutter in permanenten Abständen angeschleppt brachte. Das war dann alles andere als angenehm. Sie benutzten mich wie eine Puppe, die ihnen Mutter zum Spielen gegeben hatte.

Ja, du verstehst schon richtig! Diese Kerle spielten mit mir auf die unterschiedlichste, perverse Weise.

Ja, ich wurde missbraucht. Ich wusste damals nicht, was mir geschah, war ja noch ein naives neunjähriges Kind. Aber Mutter wusste das! Sie duldete das! Sie musste es wissen, denn sie kam einmal früher nach Hause und erwischte den geilen Bock mit dem nackten Mädchen auf dem Schoß.

In diesem Moment schmiss sie ihn zwar ′raus. Aber als er am nächsten Tag reumütig vor der Türe stand, wurde er wieder eingelassen. Sie hatte Angst, ihre Lover zu verlieren, wenn sie ihnen die Puppe wegnehmen würde. Und doch ist letztlich keiner geblieben.

Trost fand ich immer bei dir. Es war so schön, mit dir im Bett zu kuscheln oder an dich angeschmiegt einfach gemeinsam fern zu sehen. Wenn du mir deine Geschichten, die du damals schon schriebst, vorgelesen hast und mein Urteil darüber haben wolltest. Von dir fühlte ich mich immer ernst genommen.

Als wir beide im Schulchor waren, konnte ich nicht genug davon bekommen, mit dir zu Hause alle Chorlieder – die Liste ′rauf und wieder ′runter - zu üben. Dein Lieblingslied war das »Ännchen von Tharau«. Ich singe es heute noch gerne.

Mutter belohnte uns immer mit neuen Schuhen, wenn sie glaubte, etwas gutmachen zu müssen. Ich habe das einfach beibehalten. Wenn ich denke, ich müsste mir etwas Gutes tun, dann kaufe ich mir neue Schuhe, obwohl man die hier auf dem Land eher weniger braucht. David lacht dazu und meint, ich sei mit Abstand die bestangezogenste und bestgeschminkteste Frau in den Kuhställen Australiens.

Ich weiß, dass du diesen Schuhtick auch hast, ich inspizierte deinen Schuhschrank, als ich voriges Jahr nach deinem Unfall bei dir war.

Du wusstest von meinem Elend nichts. Ich konnte nicht darüber reden.

Da du mit deinen dreizehn Jahren – als meine Odyssee begann – ein langer, staksiger Kerl mit Pickeln warst, fanden die Lumpen keinen Gefallen an dir. Keiner dachte, du könntest ein Mädchen sein. So war ich halt die einzige Barby in der Spielzeugkiste.

Ich kann Mutter einfach nicht verzeihen, dass sie das alles so geduldet hat.

Seit ich Kinder habe, weiß ich, was eine Mutter ihnen zuliebe auf sich nimmt.

Wie eine Löwin würde ich für das Wohl meiner Kinder kämpfen und sie nicht wie sie für das eigene Wohl opfern.

Tut mir leid, ich kann das nicht verzeihen. Bin mir gar nicht so sicher, ob sie weiß, warum ich sie so hasse. Zumindest wird sie das richtige Gespür dafür haben.

Auch Paps weiß nichts, sag du ihm das bitte nicht, das möchte ich selbst irgendwann.

Ich hoffe, du liebst mich trotzdem noch und änderst deshalb nicht deine Pläne.

Unsre Pension ist schon richtig einladend geworden. Du wirst staunen.

Ganz besonders schnuckelig finde ich deine kleine Wohnung, die nun auch noch einen Wintergarten bekommen hat (»sunroom« sagt man hier) Komm bald1

Ich liebe Dich! Deine Melli

Melli hatte im Anhang mehrere Fotos beigefügt und Annabell verspürte eine große Sehnsucht nach ihrer Schwester und nach ihrem neuen Zuhause in Australien.

Sie musste diese schreckliche Offenbarung erst einmal sacken lassen.

Immer schon hatte sie gewusst, dass ihre Mutter extrem egoistisch war. Aber dieses Ausmaß!

Man sollte sie echt in ihrer eigenen Kacke liegen lassen, verdammt!

Ihr Vater war mit seinen Töchtern sehr liebevoll umgegangen. Auch wenn Melitta sein Liebling war, vernachlässigte er seine Große nicht. Die ständigen Eskapaden seiner Frau, die sie sich leistete, wenn er längere Zeit auf See war, wollte er eines Tages nicht länger ertragen.

Er verließ seine drei Frauen, und es gab nur selten Gelegenheiten, sich zu treffen. Er nahm als Kapitän nun Fahrten an, die ihn monatelang vom Land fernhielten.

Aber niemals hatte er den Kontakt zu seinen Mädels abbrechen lassen.

Die Jahre ohne ihn, mit ständig wechselnden Männerbeziehungen ihrer Mutter, waren für die Geschwister Stress pur.

Wieso hatte sie nicht bemerkt, was ihrer kleinen Schwester angetan wurde? Hätte sie etwas für sie tun können?

Für Annabell war es das Schlimmste, wenn die Männer mit ihrer Mutter auch noch über die Maßen Alkohol tranken. Es gab besonders zwei, an die sich Anna sehr ungern erinnerte. Die waren so betont laut und vulgär in ihrer Sprache. Sie empfand schon als Kind, dass dieser Umgang weit unter dem Niveau ihrer schönen Mutter war. Aber die kicherte immer wie ein dummes Kind, wenn ihr der jeweilige Kerl an die Brüste oder unter den Rock fasste. Annabell war peinlich berührt, wenn sie solche Szenen erleben musste. Auch die Tatsache, dass ihre Mutter sich im betrunkenen Zustand kaum noch zivilisiert artikulieren konnte, fand sie extrem abstoßend.

Sie versuchte immer, Melitta diesen Anblick zu ersparen, indem sie sich mit irgendeiner Aktivität um sie kümmerte. Hätte die nur irgendetwas verlauten lassen! Annabell kamen die Tränen.

Von ganz weit unten aus ihrem Gedächtnis meldete sich eine schreckliche Begebenheit zurück. Sie hatte es ein für alle Mal vergessen wollen, jeden Ansatz eines Gedankens daran verdrängt.

Eigentlich war sie eine Mörderin! Doch, sie wusste es, aber niemand sonst wusste es. Eigentlich, was heißt ′eigentlich′? Ihr war nichts anderes übrig geblieben. Sicherlich war es Notwehr, aber es stand nie zur Diskussion. Niemand wollte wissen, wie es passiert war. Für die Polizei war es ein Unfall gewesen, für ihre Mutter ein tragischer Verlust. Aber sie hatte gemordet! Im Polizeijargon war es vielleicht nur Totschlag? Egal, sie war schuld am Tod des Friedrich Vogel, dem widerlichsten Lover ihrer Mutter.

Mehr als einmal hatte er Annabell bedrängt, mit ihr Alkohol zu trinken. Er schmiss mit dem Geld nur so um sich und steckte ihr bei jedem Glas, das er ihr aufzwang, einen Schein in ihren flachen Ausschnitt. Sie war zwölf. Sie traute sich aus lauter Höflichkeit kaum, ihm zu widersprechen.

Sie sah es auch als ihre vordringliche Aufgabe, ihn von ihrer kleinen Schwester fern zu halten, auch wenn sie damals nicht hätte sagen können, warum. So warteten sie gemeinsam mit der Flasche, bis ihre Mutter von der Arbeit kam. Die merkte nicht einmal, dass Annabell Alkohol getrunken hatte. Besser: sie übersah es geflissentlich.

Und eines Abends passierte es dann. Annabell wollte nicht mehr weiter trinken, ihr war schon schlecht, und sie wusste, dass das morgen früh noch viel schlimmer sein würde. Es gab ein Handgemenge und sie stieß ihn derb und mit all ihrer Kraft von sich weg. Er stürzte und fiel auf einen Flaschenscherben, der von einer zu Bruch gegangenen Schnapsflasche auf dem Boden lag. Sofort trat eine Menge Blut aus einer Ader am Hals. Zu Tode erschrocken lief sie in Mellis Zimmer und verschloss die Tür.

Ihre Mutter fand ihn in seiner Blutlache liegend und rief sofort nach dem Notarzt, aber es war zu spät.

Sie trat die Tür zum Kinderzimmer ein und beschuldigte Annabell sofort, dass sie den Notruf hätte absetzen müssen. Vielleicht hätte er dann überlebt. Aber Annabell war ja froh, dass er tot war. Sie schämte sich für diese Gedanken und glaubte, ein schlechter Mensch zu sein.

Über all die Jahre hatte sie es fertig gebracht, nicht mehr darüber nachzudenken. Sie hatte auch für sich beschlossen - wie offiziell festgehalten – dass es ein Unfall war. Aber Mellis Geständnis brachten ihr diese schlimmen Kindheitserinnerungen zurück.

Ihre Mutter war für keine ihrer Töchter da gewesen. Sie war überwiegend mit sich selbst beschäftigt.

Nein, sie würde ihre Mutter nicht mit nach Australien bringen!

Trotz allem fühlte sie sich verpflichtet, ihr weiteres Schicksal zu regeln. Seltsamerweise lag auch ihrem Vater daran, wie aus seiner mail hervorging.

Als die Schwestern Teenager waren, hatte er ihnen begründet, warum er sich damals aus der Ehe verabschiedet hatte. Aber, so sagte er, er liebe ihre Mutter noch immer.

Annabells Plan war nun, zuerst eine Lösung für die Unterbringung ihrer Mutter zu finden, um dann beruhigt ihre Ausreise antreten zu können.

Dieser verdammte Knöchel würde ja wohl irgendwann auch geheilt sein.

Ich zähle täglich meine Sorgen, denn ich sorg mich sehr… Das war einmal ein alter Schlager, den Peter Alexander sang. So hielt es Annabell schon seit vielen Jahren.

Wenn sie am Morgen erwachte, zog sie erst einmal Bilanz, worüber sie sich Sorgen machen musste und was vom Tag zu erwarten war.

Gerade hatte sich die Reihe der dringend anstehenden Aufgaben auf ein erträgliches Maß eingependelt, da schlug das Schicksal wieder voll zu.

Nichts war mehr, wie es vorher war.

»Ha«, lachte sie laut. Sie hatte ihren Rollstuhl auf den Balkon des Krankenzimmers gerollt.

»Das werden wir doch sehen! Auch das krieg ich bewältigt!«

Und ganz plötzlich wurde ihr warm ums Herz und ein eigenartiges Glücksgefühl durchströmte ihren Körper. Auf dem Weg zum Haupteingang sah sie Gottwin Winterkorn näher kommen.

Was war das? Noch nie hatte sie ihn so gefühlt. Sie registrierte – was sie ja aber schon wusste, dass WinWin ein äußerst attraktiver Mann war. Groß, schlank, von kräftiger Statur, hatte er eine besonders sympathische, männliche Ausstrahlung. Sein kantiges Gesicht mit dem Dreitagebart und den gutmütigen braunen Augen strahlte Zutrauen aus. Er war zwei, drei Jahre älter als Annabell und wirkte seriös, aber nicht spießig.

Anna hatte oft bemerkt, wie sich Frauen nach ihm umschauten, und Bemerkungen wie »den würde ich nicht von der Bettkante stoßen« waren ihr dabei zu Ohren gekommen.

Er war diesbezüglich auch kein Kind von Traurigkeit und flirtete bei jeder passenden Gelegenheit.

Das machte sie tatsächlich ein wenig eifersüchtig. Gern hätte sie dann reklamiert: »Weg da, der gehört mir!«

Aber dazu hatte sie kein Recht. Zig-mal hatte sie ihn abgewiesen. Und doch hätte sie ihn gern für sich gehabt. Wie sollte das gehen?

Fakt war, er war immer sofort für sie da, wenn sie ihn um Hilfe rief. Er sagte, er liebe sie. Und das schon lange, seit sie sich vor drei Jahren zum ersten Mal begegnet waren. Anfangs fasste sie das als einen Scherz auf. Koketterie. Sie selbst praktizierte gern diese Spielchen und testete ihren Marktwert, auch, als Rainer noch lebte.

Hatte sie ihn irgendwann ermutigt? Er war hartnäckig, aber auch sehr dezent.

Gab es etwas, was ihr an ihm nicht gefiel? Ihr fiel nichts ein. Oberflächlichkeit: zwischen seinen beiden vorderen Schneidezähnen war eine kleine Lücke. Kein fehlender Zahn, der Abstand stimmte nicht. Aber das machte ihn individuell. Er selbst machte Scherze darüber, wie: »Man müsste meinen, ich könnte damit besonders gut pfeifen, aber ich kann es gar nicht.«

Seine Lache war zu schrill. Es klang eher wie bei einem zickigen Mädchen und völlig unerwartet bei diesem Kerl. War ja aber nicht schlimm. Jeder hatte irgendeine Macke.

In diesen Momenten war Annabells Kommentar: »Also, jeder Mensch hat eine Macke. Wenn ich eine hätte, würde ich es auch zugeben.«

»Die ist aber eingebildet!«, hatte daraufhin Paul einmal zu seiner Mutter gesagt. Er verstand noch nicht, dass dies ein Scherz sein sollte.

Gerade ging die Tür des Krankenzimmers auf und er stand im Türrahmen mit einem suchenden Blick, da das Bett leer war. WinWin hatte einen großen, wunderschön gebundenen Blumenstrauß in der Hand und ein warmes Lächeln im Gesicht, als er sie entdeckte.

»Was hast du dir nun jetzt wieder ausgedacht?« Er schaute doch ein wenig besorgt, als er ihre Hämatome im Gesicht aus der Nähe sah. Um sie auf die Wange zu küssen, neigte er seinen Kopf zu ihr. In diesem Moment hatte sie den Kopf ein klein wenig – ihm entgegenkommend - gedreht und ihre Münder berührten sich. Sie verharrten in dieser Stellung. Keiner drehte sich weg. Mit leichtem Druck küssten sie sich mit geschlossenen Lippen, die sich daraufhin leicht öffneten und die Zungen berühren ließen. Schließlich wurde daraus ein sehr intensiver – wenn auch immer noch behutsamer Kuss. Winni hatte sich neben den Rollstuhl gekniet und erfasste ihre Hand. Sie waren beide sehr verlegen und stumm. Seine Finger strichen jetzt zärtlich über ihr Gesicht und er flüsterte: »Was für eine Art buntes make up ist das denn?«

Annabell hatte Tränen in den Augen, ihr Herz raste und sie fühlte eine regelrechte *Ganzkörpergänsehaut.* »Winni, das hätte nicht passieren dürfen. Ich will dir keine falschen Hoffnungen machen.«

»Ich wusste immer schon, dass du mich auch liebst. Lass uns später darüber reden. Sag mir, wo ich dein Auto finde und wir können uns auf der Fahrt nach Jena unterhalten.«

Annabell gab ihm die Adresse der Familie Kogler und den Autoschlüssel. Ein flüchtiger Kuss und ein liebkosender Griff in ihr Wuschelhaar – und weg war er.

Mit sehr gemischten Gefühlen rollte sie ihren Stuhl zur Toilette, um die Blumen ins Waschbecken zu legen. Ein Arrangement in einer Vase ergab keinen Sinn, da sie ja in Kürze weiterfahren würden.

Was hatte sie sich nur dabei gedacht? Zwar hatte sie eine wunderbare, innige Empfindung, aber auch das Gefühl, es wäre falsch. Aber jetzt sagte sie sich, dass er Recht hätte. Sollten sie später im Auto alles klar stellen, die Fahrt würde lang genug sein.

Das Krankenhaus am Rande der Stadt

Ruhe sieht anders aus.

Nein Paps, ich kann mich zurzeit nicht um Mutter kümmern.

Nein Frau Wendland, ich weiß nicht, wo sich Herr Kolmar aufhält.

Nein Mutter, ich lasse mich nicht nach Gera verlegen. Bleib einfach noch in der Geriatrie, bis ich mich melde.

Nein Herr Doktor Oßwald, ich habe weder gut geschlafen noch habe ich Stuhlgang.

Ja Winni, alles wird gut. Ich bin froh, dass es dich gibt.

Ja Melitta, ich komme bestimmt im Herbst.

Ja Paul, ich würde mich wahnsinnig über Deinen Besuch freuen.

Alle dienstlichen Terminabsagen erledigte Annabell vom Bett aus per E-Mail. Das operierte Bein hing in einer Schlinge hoch und wurde von einer Physiotherapeutin täglich bewegt.

In ein paar Tagen könne sie voraussichtlich auch mit dem Gehen am Stock oder Rollator beginnen.

Annabell war nicht unzufrieden mit ihrer Situation. Alles in Allem hatte sich ihre Lage zum Positiven gewendet. Wenn man bedenkt, dass sie durch eigene Schuld ihre widrigen Umstände herbeigerufen hatte, war sie nun optimal betreut; vor allem von Gottwin.

Wieder einmal traf der Spruch ihrer Freundin voll ins Schwarze: *nichts ist so schlecht, dass es nicht auch etwas Gutes hätte.*

Wäre sie in ihrem gewohnten Trott jemals Winni so nahe gekommen?

Die Fahrt von Rostock nach Jena hatte beiden die Augen geöffnet. Endlich hatten sie Zeit und Gelegenheit, über ihre Gefühle zu reden. Ja noch viel mehr – ihre Herzen zu öffnen.

Liebevoll hatte Winni die Rück- und Beifahrersitze zu einer bequemen Liege umfunktioniert, so dass Anna mit ausgestrecktem Bein auf der Rückbank Platz nehmen konnte und der Knöchel ruhig auf einem Kissen liegend Halt fand. So musste man sich beim Reden auch nicht unmittelbar anschauen, was an der einen oder anderen Stelle peinlich gewesen wäre.

Annabell begann das Gespräch mit der Wiederholung ihrer Entschuldigung, dass der Kuss nicht hätte passieren dürfen. Sie sei keineswegs in der Lage, eine normale Liebesbeziehung zu führen.

Durch den Unfall und den enormen Gewichtsverlust sei ihr Körper entstellt. Diesen Anblick könne sie keinem Mann zumuten. Winnis Versuche, hier und da Widerspruch anzumelden, erstickte sie im Keim.

Ja, natürlich gab sie zu, dass ihr viel daran läge, Winni als liebevollen Freund zu behalten, aber mehr sei nun mal nicht möglich. Denn zu allem bereits gesagtem käme erschwerend dazu, dass sie auch tatsächlich jegliches Interesse an Sex verloren hätte. Zärtlichkeiten, Küsse, liebevolle Berührungen – das empfände sie als angenehm, wie sich ja heute gezeigt hätte. Aber mehr würde sie nicht geben können und das sei für einen liebenden Mann unakzeptabel.

Sie seufzte tief und machte eine Pause, in die Winni sofort hineingrätschte.

»Lass dir jetzt bitte meine Gefühlslage erklären. Du wirst sehen, dass wir besser zusammen passen, als du je vermuten würdest. Du weißt, wie lange ich dich schon liebe. Als dein Mann noch lebte, war das nur platonisch, ich wollte nichts zerstören. Nach eurem Unfall hab ich mir Hoffnung gemacht und mir einfach nur Warten auferlegt und meine Chance kommen sehen. Die Hoffnung hast du mir selbst gegeben, als du einmal in einem Gespräch – an der Hotelbar unter Alkoholeinfluss – deine vehemente Ablehnung gegenüber Sex zum Ausdruck brachtest.«

Annabell riss erstaunt die Augen auf und beugte sich etwas zum Fahrersitz hin, um ihn anschauen zu können: »Wie passt denn das zusammen?«

»Ach Bella, mich verlässt gerade der Mut. Ich weiß nicht, wie ich darüber sprechen kann. Es ist so unmännlich. Du wirst mich verachten.«

»Winni, Du bist ein Mann wie nur einer ein Mann sein kann. Du warst verheiratet, jede Krankenschwester – und natürlich auch ne Menge andere Frauen schauen dir nach, so dass ich eifersüchtig werde. Also *bist* du ein richtiger Kerl. Wo liegt dein Problem?«

»Ich mag keinen Sex und ich kann keinen Sex«, platzte es nun aus ihm heraus.

Er sprach es schnell und nuschelte dabei, so dass Annabell zuerst glaubte, sich verhört zu haben.

Langsam, ganz langsam, ohne dass sie auch nur ein einziges Mal versuchte, ihn zu unterbrechen, kam eine unglaubliche Geschichte aus seinem Mund.

Vor einundfünfzig Jahren hatte seine Mutter Drillinge geboren. Er hat zwei eineiige Schwestern und in seinem Fall konnte sich die Natur nicht entscheiden, welches Geschlecht er haben sollte.

Eindeutig männlich angelegt, aber viel zu klein bestückt, bekam er bereits als Kind entsprechende Behandlungen, die aus ihm einen vollwertigen Jungen machen sollten.

Er war ein unbeschwertes Kind, er kannte nicht die Normen. Bei den ersten Mädchenbekanntschaften – die meist über seine Schwestern arrangiert wurden – gab es keine Probleme, da in diesem Alter noch kein sexuelles Verlangen aufgekeimt war.

Die ersten intimen Kontakte, meist von den Mädchen initiiert, waren regelmäßig Enttäuschungen.

Gottwin hielt sich von der Damenwelt fern. Lange glaubten seine Eltern und auch die Schwestern, er sei homosexuell. Auf einem Firmenseminar – er arbeitete als Steuerberater – begegnete er Adelheid.

Sie waren Geschwister im Geist. Sie lasen dieselben Bücher, mochten die gleiche Musik und hatten ähnliche Wünsche und Träume. Alles lief perfekt. Erst nach einem halben Jahr hatten beide den Wunsch nach Intimitäten. Nach der ersten missglückten Nacht kuschelten sie sich einfach aneinander und Adelheid spendete ihm Trost und machte ihm Mut.

Ein Psychologe und Paartherapeut sollte ihnen helfen, mit den Situationen umzugehen.

»let´s talk about sex«, sollte ihre Problemlösung sein. Jeder äußert seine Wünsche und bringt entsprechende Vorschläge ein, wie die Lage entspannt werden kann.

Die Hochzeit war ein Geschenk von Adelheid. Sie wollte ihm damit sagen, wie unwichtig, zweitrangig ihr die Sexualität in ihrer Beziehung sei.

Er entdeckte durch Zufall ihre im Nachtschrank gestapelten Bücher über sexuelle Abnormitäten und auch einen Dildo, der in einer begonnenen Handarbeit eingewickelt war.

Gottwin verschwieg seinen Fund. Obwohl er es kommen sah, war er doch überrascht, als sie eines Abends in der

Küche auf ihn wartete, eine gepackte Reisetasche zu ihren Füßen.

Sie beichtete einen Seitensprung und vergoss viele aufrichtige Tränen über die Tatsache, dass sie nunmehr großes Verlangen nach wilden Sexspielen hätte.

Gottwin war versucht, ihr einen Deal anzubieten. Für einen kurzen Moment glaubte er, damit leben zu können, dass sie sich sexuelle Befriedigung außer Haus holen würde, aber alles andere bleiben könne, wie es war. Aber nein, das war entwürdigend für sie und auch für ihn.

Die Scheidung war unkompliziert. Nach knapp zwei Jahren Ehe, ohne Kinder und ohne finanziellen Zoff. Auch er zog aus der gemeinsamen Wohnung aus. Er suchte sich ein kleines Haus mit einer Büroetage und machte sich als Steuerberater selbständig. Seine schriftstellerische Tätigkeit begann im gleichen Zeitraum.

In der Hoffnung, irgendwie zu einem Leben zu finden, das der allgemeinen Norm entsprach, ging er auch wieder zu einem Psychologen – einem anderen.

Der trieb ihn förmlich in die Arme von Frauen, mit dem Ergebnis, jedes Mal von neuem enttäuscht zu sein. Er wechselte den Arzt und die Lebensweise. Von nun an konnte er seine »Behinderung« akzeptieren und strebte nicht mehr danach, so zu sein, wie ein Mann zu sein hat.

Endlich fühlte er sich frei.

Doch da kam Annabell! Seine heile Welt war in Gefahr.

»Ach WinWinWin, ich mag dich so sehr!« Mit diesem schmachtenden Seufzer sah Annabell zu ihm auf. »Ich wusste gleich, dass es ein Fehler war, dir zu gestehen, dass ich auch noch mit dem zweiten Vornamen *Erwin* bestraft wurde. Aber wenn du mich magst, spielt das keine Rolle mehr.«

Er nahm ihre rechte Hand in seine beiden und streichelte Finger für Finger, bevor er sie an seine Lippen führte. Zum wiederholten Male verabschiedete er sich, blieb aber auch diesmal auf dem Krankenbett sitzen. »Ich komme morgen so schnell es geht. Bis gegen vierzehn Uhr müsste ich alles erledigt haben.«

»Mach dir keinen Stress. Nach dem Frühstück wollte Frau Behrendt kommen, - du weißt, die junge Frau, die ich im Kaufhaus angequatscht hatte. …Ach, bring mit bitte ein Eis mit – Vanille mit Sahne.«

Viele Kusshände flatterten von der Tür zu ihrem Bett, und noch einmal wollte er zurück.

»Raus jetzt!«, rief sie streng und er verschwand.

Die Physiotherapeutin, die mit einer Plastikschüssel und einer Packung Handtücher vor ihrem Bett auftauchte, lächelte sie freundlich an. »Es geht mich ja überhaupt nichts an, aber das sieht mir doch sehr nach dem zarten Pflänzchen junger Liebe aus.«

»Ja, das ist es«, antwortete Annabell zufrieden lächelnd. »Dabei kennen wir uns seit Jahren.«

Sie strahlte von innen.

»Ich muss Sie ein bisschen schocken. Gleich wird es ganz kalt. Sie bekommen einen Retter Spitz-Umschlag.«

»Und was passiert da mit mir?«

»Das ist ein nasser Wickel, getränkt mit ätherischen Ölen und pflanzlichen Extrakten – wie Arnika, Rosmarin, Thymol, Alaun und so weiter - zur Unterstützung der Therapie nach operativer Versorgung bei Frakturen. Man kann es auch gut bei Gelenkschwellungen und ähnlichen Symptomen anwenden.

Es wird als äußerst wohltuend empfunden.«

Während ihrer Erläuterung hatte sie auch bereits Hand angelegt. Der Wickel war sehr kalt auf dem Knöchel, so dass Anna erstmal erschrocken tief einatmete. Anschließend ergänzte ein dickes Handtuch den Verband und alles fühlte sich wieder wohlig an.

»Nach zwanzig Minuten ***tu*** ich sie dann auswickeln.«

Oh, das tat richtig weh! Nicht das Auswickeln!

Leise öffnete sich die Tür nur einen Spalt breit. Ein hübsches Gesicht schaute durch den Spalt, um schließlich einen voluminösen Körper nachzuschieben. Annabell erkannte sie nun. Das musste Frau Behrendt sein. Ihr Händedruck war zaghaft und ohne Kraft. Die Augen schweiften unstet umher, ob aus Verlegenheit oder der Suche nach einer geeigneten Vase für den kleinen Blumenstrauß.

Annabell ergriff die Initiative. »Hallo, Frau Behrend. Schön, dass Sie gekommen sind. Im Bad in irgendeinem Schränkchen sind, glaube ich, Vasen. Danke, ein hübscher Strauß.«

Sie überspielte geschickt die für Frau Behrendt peinliche Situation und verwickelte sie gleich in ein unverfängliches Gespräch.

»Entschuldigen Sie, es war sehr anmaßend von mir, Ihnen meine Beratung anzubieten. Aber Sie standen so verloren zwischen den Regalen und ich habe ein berufliches Helfersyndrom, was Außenwirkung betrifft.«

»Nein, Sie brauchen sich nicht zu entschuldigen. Ich würde diesbezüglich gern Hilfe annehmen, wenn ich wüsste, ob ich es mir finanziell leisten kann.«

»Da machen Sie sich bitte keine Sorgen. Ich hatte Sie ja da reingequatscht; das würde Sie keinen Pfennig kosten.«

Annabell konnte sehen, wie der jungen Frau ein Stein vom Herzen fiel. Selbst ihre Haltung war schon ein wenig lockerer geworden. »Nennen Sie mich doch bitte Susi, das sagen alle.

In einer sehr behutsamen Art signalisierte Anna ihrem Besuch, dass sie zusammen einfach einmal wichtige Grundlagen für einen »easy way of life« finden könnten.

Sie erkundigte sich nach dem persönlichen und beruflichen Werdegang und ihren Vorlieben und Abneigungen.

Schnell wurde offenbar, das Susanne in ihrer Kindheit und frühen Jugend vom Schicksal nicht verwöhnt worden war. Alles fing damit an, dass ihre Eltern sich trennten, als sie gerade einmal acht Jahre alt war. Sie hatte zwei jüngere Geschwister, die bei der Mutter blieben. Susanne wurde in die Obhut der Großmutter gegeben. Das war eine mürrische Alte, die sie den ganzen Tag mit häuslichen Arbeiten traktierte. Schließlich müsse sie sich ihren Aufenthalt verdienen, kaum blieb ihr die Zeit für Schulaufgaben. Sie sehnte sich nach ihrer Mutter, nach ihren Geschwistern; nach Liebe und Zärtlichkeit.

Frau Behrendt hatte Tränen in den Augen und ihre Stimme klang brüchig, als sie weiterredete.

Am Ende eines Tages belohnte sie sich mit Essen. Das war das einzige Vergnügen, das nicht verboten war. Damit waren die Grundlagen für einen stattlichen Körper gelegt.

»Was ich auch tat, immer war es falsch oder nicht genug. Ich fühlte mich wie ein viereckiger Stift in einem runden Loch.«

Annabell sah mit hochgezogenen Brauen zu ihr auf.

»Das hab ich mal gehört. Und weil es so exakt auf mich zutrifft, habe ich mir das gemerkt.«

Anna lachte: »Ich denke, Sie belohnen sich auch heute noch bei jedem Frust mit Essen?«

»Es ist ein einziger Teufelskreis. Wenn ich wirklich mal bei einer Diät abnehme, nehme ich danach doppelt so viel zu. Nichts passt mir, nichts steht mir. Dabei kaufe ich mir modische Sachen und nicht die billigsten.« Sie war verständlicher Weise sehr frustriert.

Annabell stöhnte innerlich: da hatte sie sich etwas aufgebürdet!

Trotz aller Gegensätzlichkeit fanden sie zu einem befriedigenden Dialog, der sie zwei Stunden lang über viele Hürden im Alltag reden ließ.

Annabell hatte vor allem die Intension, Frau Behrendt keine zusätzlichen Minderwertigkeitskomplexe aufzubauen. Sie wollte sie im Gegenteil davon überzeugen, dass jeder Mensch auf seine spezielle Art einzigartig und liebenswert ist.

Sie habe als Krankenschwester einen tollen Beruf. Ihr Problem sei, dass sie sich nicht wertschätzte und dadurch selbst herunterziehe.

Ihre Außenwirkung sei devot. Dies könnte mit geringer Anstrengung verändert werden. Dabei wolle sie ihr zuerst helfen.

»Machen Sie sich keine Hoffnung, dass ich einen Zaubertrick kenne, der Ihnen in vier Wochen zu einer Modelfigur verhilft. Aber ich kann Ihnen dabei helfen, dass es so aussieht. Schauen Sie, ich habe in meinem Leben schon mehrere Crash-Diäten durchgestanden und nie wirklich dauerhaft abgenommen. Ich kenne diesen Jo-Jo-Effekt nur allzu gut. Erst nach einem langen Krankenhausaufenthalt hatte ich plötzlich über zwanzig Kilogramm verloren.«

In einer spontanen Eingebung – die völlig konträr zu ihrem sonstigen Verhalten stand - zog sie ihr Oberteil aus, so dass Arme, Brust und Bauch nackt waren.

»Das sind die unschönen Überbleibsel meiner dicken Zeit. Sie sehen, ich bin auch nicht vollkommen, obwohl ich immer so tue.«

Erschrocken blickte Susanne auf die unschönen Hautlappen. »Aber davon sieht man gar nichts, wenn Sie angezogen sind. Sie sehen immer perfekt aus!« Sie blickte total ungläubig und kommentierte:

»Ja, ich begreife schon, dass mit Kleidung vieles möglich ist. Deshalb kaufe ich mir ja modische Sachen.«

»Schon. Aber, Sie entschuldigen, Ihre hübschen Sachen passen nicht zu Ihnen. Sie sehen aus, als wären sie zwei Nummern zu klein.« Annabell wehrte mit der Hand ab, als Susanne etwas erwidern wollte.

»Nicht alles, was gerade Mode ist, kann und sollte man tragen. Ich kann zum Beispiel auch keine Tops oder Bikinis anziehen. Auch in Ihrem Fall sollte die Kleidung eher vertuschen als hervorheben. Zum Beispiel gehen Leggins gar nicht, und schon gar nicht Flip-Flops. Das Shirt, das Sie tragen, müsste wenigstens zehn Zentimeter länger und eine Konfektionsnummer größer sein.

Es gibt spezielle Läden für XL-Größen. Dort haben die durchaus auch chice Kleidung, allerdings lassen die sich das auch bezahlen. Da sollte dann die Devise sein: lieber ein Stück weniger zu erwerben.«

Susanne war zerknirscht und beschämt. »Sehen Sie, genau das hatte ich mir bei einer Beratung gewünscht. Keine Verkäuferin – auch nicht in den guten Geschäften – macht einen darauf aufmerksam, dass einem etwas nicht steht. Die wollen natürlich um jeden Preis verkaufen.«

»Wenn ich irgendwann wieder laufen gelernt habe und hier rauskomme, könnten wir zusammen shoppen gehen? Oder erstmal Ihren Kleiderschrank sichten? Susi, es ist mir peinlich. Ich hatte dieses unsittliche Angebot so spontan gemacht. Ich möchte Sie auf gar keinen Fall brüskieren oder Ihnen zu nahe treten. Wer bin ich, dass ich mir so etwas anmaße?«

Für einen kurzen Augenblich hatte Anna das Gefühl, etwas Falsches gesagt zu haben.

Anna war echt zerknirscht. Am liebsten wäre sie unter ihre Bettdecke gekrochen.

»Nein, bitte, das ist alles easy. Ich bin so froh, dass Sie mir helfen möchten. Ich will endlich etwas aus meinem Äußeren – aus meinem Leben machen. Ich schaffe das nicht ohne Hilfe. Es ist ein verdammter Teufelskreis. Wenn ich unglücklich bin – und das bin ich oft, belohne ich mich mit Schokolade und bin schon während des Essen wieder unglücklich. Ich ertrage meinen Anblick im Spiegel nicht mehr, habe aber längst aufgegeben, ernsthaft maßzuhalten.«

Um die ersten kleinen Schritte sinnvoll in die richtige Richtung zu lenken, vereinbarten sie, dass Annabell sich melden würde, sobald sie wieder mobil wäre.

In der Zwischenzeit sollte Susanne damit beginnen, ihre Garderobe zu sichten und in »gut« und »nicht so gut« zu sortieren. Eine Aufstellung ihrer Essgewohnheiten- *wann* am Tag wird *was* gegessen – *alles*! nicht schummeln! Das wäre Selbstbetrug.

Aufrichtig erleichtert und motiviert drückte Susanne Annas Hände und dankte ihr überschwänglich.

Auf dem Weg zur Tür rief ihr Annabell noch nach: »Ein hübscher Haarschnitt wäre toll! Ein wenig kürzer. Sie haben so ein hübsches Gesicht.«

Susanne strahlte, als sie die Tür zum Krankenzimmer von außen zuzog.

Einen weiten Ausblick über die Stadt genießend, saß Annabell am geschlossenen Fenster ihres Krankenhauszimmers im dritten Stock. Große Regentropfen klatschten an die Scheiben und liefen in immer größer werdenden Rinnsalen am Glas herunter.

Dort, wo sie auf den Boden trafen, stiebten sie trichterförmig Staub auf. Nach kurzer Zeit bildeten die Tropfen in den Pfützen Blasen.

Annabell erinnerte sich daran, wie sie als Kinder diesen Regen am liebsten mochten. Nach tagelanger Hitze durchnässte er ihre leichte Kleidung, sie leckten den Regen mit lang herausgestreckten Zungen auf und ließen den Matsch genussvoll durch ihre nackten Zehen gleiten.

Unbeschwerte Kindheit – aber nur nach außen hin.

Jena war unheimlich gewachsen und eine wunderschöne Stadt geworden. Die Klinik lag auf einer Anhöhe, so dass man einen herrlichen Rundblick hatte.

Der Lärm der Großstadt drang nur sehr gedämpft zu ihr herauf und zeugte dennoch von einem regen Treiben da unten.

Jetzt im Mai war das Grün in den Bäumen so frisch und der warme Wind brachte die wohligsten Blütendüfte herein, als sie nun doch das Fenster öffnete. Wie gern wäre sie jetzt mit ihren Walking-Stöcken unterwegs.

Sie würde sich am Wiesenrad auf einer Bank ausruhen, den Blick über die weiten Rapsfelder schweifen lassen und Gedanken für ihr Buch niederschreiben.

Schreiben konnte sie jetzt erstmal vergessen.

Laufen konnte sie erstmal vergessen.

All ihre Coaching Termine hatte sie abgesagt.

In etwa erahnte sie, wo sich ihr Lieblings- Schuhgeschäft befand. Auch das würde sie vergessen können – für lange Zeit. Ein Fachgeschäft für »Bequem Schuhe« würde wohl ihr nächstes Einkaufziel sein.

Was sie aber auf keinen Fall vergessen konnte, dürfte, wollte – war Winni. Wie herrlich war dieses Gefühl! Warum nur hatten sie nicht eher so intensiv zusammen gesprochen.

Noch ist nichts versäumt.

Sie spürte eine warme, tiefe Sehnsucht in sich aufsteigen. Ein solches Zutrauen und Geborgenheit, wie sie sie lang – allzu lang – nicht empfunden hatte.

Sie wusste, dass auch Rainer ihr dieses Glück gönnen würde.

Die Zimmertür wurde vom Gegenzug zugeschmissen und erschrocken und verlegen stand Paul im Zimmer.

»Entschuldigung!«, rief er ihr mit einem Rückwärtsblick auf die Tür zu. »Ich wollte nicht so hereinpoltern!«

»Say it in English!«, forderte ihn Annabell auf.

»Darauf hab ich heute keinen Bock. Wie geht es Ihnen? Ich soll Ihnen schöne Grüße sagen. Mein Vater hat mich abgesetzt, er holt mich in einer Stunde ab. Meine Mutter fragt, wann Sie wieder nach Hause kommen. Sie muss Ihnen was erzählen, das will sie nicht am Telefon.«

»Na hör mal, Paul. Mein Vater, meine Mutter – das klingt alles so unpersönlich. Was ist los mit dir?«

Er schlug sich mit der flachen Hand gegen die Stirn. »Ach, sie kotzt nur noch! Das ist alles so peinlich! Dass die *sowas* überhaupt noch machen, die beiden, in ihrem Alter!«

»Moment!«, Annabell schaute ungläubig. »Ist deine Mutter schwanger?«

»Das ist so peinlich wie nur irgendwas, Alter. Ich bin zwölf. Da kommen die mit noch einem Baby. Das glaubt mir in der Schule kein Mensch. Die werden sich weglachen.«

Er war zutiefst empört. Er wollte Annabell gar nicht anschauen und schämte sich offensichtlich, was sein hochrotes Gesicht überdeutlich erkennen ließ.

»Ach Paul, Paul... Das ist wunderschön. Da freue ich mich für deine Eltern. Mach dich doch nicht so verrückt. Gewöhn dich erstmal an den Gedanken. Du wirst sehen, und du wirst auch Gefallen daran finden. ... und wenn das Kleine dann erstmal da ist...!«

Gerade als Pauls Vater anrief, um ihn abzuholen, erschien Winni mit einem großen Eisbecher.

Paul war froh, sich unkompliziert – beide Kerle die erhobenen Handflächen aneinander klatschend – aus dem Staub machen zu können.

»Kaum ist man mal paar Tage nicht zu Hause...«, begann Annabell ihren Bericht, der Winni in die Neuigkeiten einweihen sollte.

Nägel mit Köpfen

Eigentlich hätte sie es wissen müssen: Gottwin Erwin Winterkorn war ein Macher.

-Sie hätte wissen müssen, dass er nun sehr vehement in ihr Leben eingreift.

-Sie hätte wissen müssen, dass er ihrem Alltag wieder Struktur gibt.

War ihr das unangenehm? Nein, ganz im Gegenteil. Sie konnte endlich ihre Seele baumeln lassen und wusste, dass alles seine Ordnung haben würde.

Annabell und Gottwin – das fühlte sich so richtig an. Er war kein Romantiker, er war Realist.

Und doch konnte er so wunderschöne Romane schreiben! Das eine schloss das andere nicht aus.

Was er jetzt alles auf dieser »to-do-Liste« aufgeführt hatte, war total logisch und zielführend.

Sie hätte sich damit uneingeschränkt identifizieren können, wäre ihr nicht eine formale Unzulänglichkeit ins Auge gestochen.

»Gib mir bitte mal Deinen Hefter«, bat sie ihn.

Er reichte ihr den Block mit fragendem Blick. Sie entfernte alle post-it-Anheftungen auf verschiedenen Seiten und gab ihn ihm zurück.

Den fragenden Blick beantwortete sie mit: »Nicht noch einmal machen mir diese pinkfarbenen Zettel mein Leben kaputt! Benutze sie bitte nie wieder.«

»Aber ich finde diese Aufkleber total praktisch«, wehrte er sich.

»Ich auch, aber nicht in Pink, bitte. Ich erzähl´s dir später.«

Es musste doch möglich sein, die paar Leute hier im Raum unter einen Hut zu kriegen. Gottwin hatte seine Strategien – die sie beide mehrfach durchgesprochen und immer wieder verbessert hatten -detailliert ausgeführt. Es erschien ihr wie blanke Böswilligkeit von Seiten ihrer Mutter, dass sie sich so gar nicht kompromissbereit zeigte.

Soeben wollte Hildegard von Bredernitz erneut zu einem Veto ansetzen, als Annabells Vater mit der Faust auf den Tisch schlug. »Jetzt ist´s aber mal gut, Hilde. Halt erstmal den Mund und hör dir den Plan bis zu Ende an. In welcher Position glaubst du, das du bist, dass du hier ständig die Diva spielen musst?« Hildegard hielt erschrocken die Luft an. Ihre vorbereiteten Worte purzelten wie Querschläger in ihrem Kopf übereinander. »Aber Jo, ich wollte doch nur…«

Gottwin blickte entschuldigend in die Runde. »Ich gehöre ja nicht zur Familie…« – »Inzwischen schon!«, unterbrach ihn Annabell.

Er setzte fort: »Wir beide hatten das alles gemeinsam immer wieder besprochen. Ich bin halt im Moment der Beweglichere und könnte Ihnen allen viel an Organisationsarbeit abnehmen.«

Ungeduldig mischte sich Annabell wieder ein: »Lass uns einfach mit dem Plan fortfahren. Ihr hört bitte bis zu Ende zu, dann haben wir - denke ich – genügend Diskussionsbedarf.«

Schüchtern rutschte Susanne Behrendt in ihrem Sessel nach vorn. »Ich werde vielleicht doch nicht gebraucht?« Sie blickte fragend zu Annabell. Die zwinkerte ihr mit einem Auge zu und streckte einen Daumen nach oben. Es gefiel ihr sehr, wie sich Susanne schon verändert hatte: Der chice Bob umrahmte ihr hübsches Gesicht. Gekleidet war sie mit dem Klassiker – blaue Jeans und weiße Bluse, dazu blaue Snikers mit weißen Sohlen. Sie lächelte sie aufmunternd und beruhigend an

»Oh doch, Sie sind eine Schlüsselfigur im System. Wir hatten ja zum Glück Ihr Einverständnis. Nur die anderen stehen noch ziemlich im Dunkeln.« Anna konnte gut verstehen, dass sie sich wieder fühlte wie ein eckiger Stift in einem runden Loch.

»Ich hole uns erst mal einen frischen Eistee und dann: auf zur nächsten Runde.«

Winni sprang auf, um ihr zu helfen. »Nein, lass mich allein machen. Ich muss doch auch wieder etwas selbständiger werden.«

Sie schob sich an die Kante ihres Stuhles vor, ergriff eine Krücke und konnte schon sehr geschickt damit zur Tür balancieren. »Das Tablett kann mir dann Susi ′reintragen.«

Solange sie in der Küche hantierte, sagte keiner ein Wort. Alle waren angespannt, ja sogar aufgeregt.

Da erschien Sandra mit ihrer kleinen Aufmerksamkeit im richtigen Moment. Sie hatte gleichzeitig mit dem Klingelton ihren Kopf zur Haustür hereingeschoben: »Ich habe ein paar kleine Erdbeertörtchen mit einem neuen zuckerfreien Teig ausprobiert! Möchtet Ihr die vielleicht kosten?«

»Du bist ein Schatz, bring sie gleich ins Wohnzimmer«, rief ihr Anna aus der Küche zu. »Möchtest du einen Kaffee oder Eistee mittrinken?«

»Nein danke, muss gleich wieder ′rüber. Paul hat sich bereiterklärt, ein ausführliches Babygespräch mit uns zu führen!«

»Viel Erfolg dabei. …und danke für die Törtchen.« Schon fiel die Tür wieder ins Schloss.

Susi teilte die Gläser mit dem Eistee und Gabeln für die Törtchen aus.

Gottwin setzte sich in Positur und begann systematisch, Punkt für Punkt die Vorschläge zu erläutern.

»Die zeitliche Planung ist so konzipiert, dass bis Ende September alles über die Bühne ist.

- Nennen wir die letzten Termine zuerst: Annas Geburtstag soll im großen Stil gefeiert und gleichzeitig eine zünftige Abschiedsparty werden. Die Gästeliste liegt schon im Entwurf vor, ist aber jederzeit erweiterterungsfähig. Auch Vorschläge für die Lokalität werden noch entgegengenommen.
- Mitte Oktober wollen Anna und ihr Vater den Flieger nach Australien besteigen.

  Organisation für den Container läuft. Die Bestückungsliste ist in Arbeit, sollte aber ständig aktualisiert werden.
- Jetzt das Wichtigste: die Finanzierung.

  Eigentlich ist mir das fast peinlich, dass ich das alles vortrage, aber Anna sagt, ich sei hier der Finanzexperte und hätte den besten Überblick.«

Annabell nickte eifrig: »Mach nur immer so weiter. Ich bin froh, dass hier einer den Totalüberblick behält. Ich melde mich schon, wenn mir was quer geht.« Und mit einem Blick in die Runde: »Alles ist von mir autorisiert! Bitte fortzufahren, mein liebster Herr. Und das *liebster* meine ich sehr wörtlich.«

Die beiden schauten sich glücklich an und Winni fuhr fort:

- Ohne den Reichtum der Hausherrin offenlegen zu wollen, muss jetzt über Geld gesprochen werden. Ihr Guthaben und Einkommen basiert aus mehreren Quellen, die sie zweckbestimmt verwenden will. Ursprünglich wollte Anna auch Haus und Auto verkaufen und den Erlös unter allen möglich Bedürftigen verteilen. Sie hat nunmehr beschlossen, eine größere Summe – aus Rainers Lebensversicherung - seiner Tochter – Corinnas Tochter Rosanna zukommen zu lassen. Sie ist ein großes Zeichentalent und kann sich so eine fundierte Ausbildung leisten, ohne auf den Pfennig schauen zu müssen.

Weiterhin denkt Anna daran, ihrem Nachbarssohn Paul einen Betrag für dessen Ausbildung zu hinterlegen, bei allem, was die Bischofs für sie getan haben.

- Die relevanten Summen betreffen aber vor allem ihre Ausreise beziehungsweise ihre neue Existenz in Australien.

Es war von vornherein geplant, dass sie sich hälftig an der Pension und dem Camp beteiligt und hat auch schon größere Zahlungen geleistet.

- Die neue Situation in der Familie hat nun zu der eigentlichen Veränderung ihrer Pläne geführt.

Das Haus wird nicht verkauft, sondern umgebaut. Wir haben bereits mit einem Architekten Kontakt aufgenommen, der Vorschläge zum behindertengerechten Wohnen unterbreiten soll. Dabei ist zu prüfen, wie viele Räume dafür zur Verfügung stehen könnten.

Sein erster Eindruck war recht vielversprechend, da bereits jetzt in der unteren Etage – sprich Rainers Atelier – großartige Bedingungen vorhanden sind.

- Und jetzt kommt Frau Behrendt ins Spiel. Annabell hat sie auf sehr unspektakuläre Weise kennengelernt und schätzt sie sehr.

  Frau Behrendt ist Krankenschwester und arbeitet zurzeit in einem Pflegeheim.

  Sie ist alleinstehend.

  Wir haben ihr angeboten, hier im Haus einzuziehen. Sie würde dann – natürlich mit entsprechender Bezahlung – die Betreuung von Frau von Bredernitz übernehmen.

  Es wird zu prüfen sein, inwieweit sich noch ein oder zwei weitere Personen, die Pflege bedürfen, hier einmieten ließen. Das würden wir der Entwicklung überlassen.

  Auf jeden Fall sollte sich das Projekt durch den Pflegebeitrag der Betroffenen selbst tragen.

  Das Auto und auch die Einrichtungsgegenstände die vorhanden sind, können von Frau Behrendt – wenn gewünscht – genutzt werden.

So, jetzt sind Sie alle gefordert. Wir bitten um weitere Vorschläge.«

Ihrem hochroten Gesicht war anzusehen, dass sie es kaum noch ertrug, nichts sagen zu dürfen. Frau von Bredernitz explodierte geradezu, als sie wütend hervorstieß: »Na prima, dass Euch das schon alles klar ist, ohne mit mir zu reden, über meinen Kopf hinweg!«

»Hallo, was tun wir hier gerade? Mutti, es ist doch erstmal ein grobes Konzept. Wir sind heute alle hier, um es zu diskutieren.«

»Da möchte ich gern vorher gefragt werden. Du kannst doch wohl nicht von mir erwarten, dass ich mich völlig fremden Personen anvertraue«, ein scheeler Blick flog zu

Susanne Behrendt »und zu allem *Ja und Amen* sage. Ich hatte erwartet, dass du deinen blöden Australienplan aufgibst und hier bei mir bleibst. **Ich** brauche dich jetzt, Melitta braucht dich nicht.«

»Na prima. Ich glaube, du verkennst total deine Situation.« Mühsam und wütend hangelte sich Annabell an ihrer Krücke in die Höhe. »Das ist mir einfach zu blöd. Kümmere dich doch um dich selbst, wie du es ja schon dein Leben lang tust. Und übrigens: als Melli **dich** dringend gebraucht hätte, warst **du** nicht da! Auch bei mir nicht.«

Mit ihrer freien Hand zog sie Winni vom Stuhl, damit er ihr folgen sollte. In der Diele blieb sie kurz vor den beiden Einzelporträts ihrer Eltern stehen. Sie nahm das Bild ihrer Mutter von der Wand, warf es auf den Boden und trat mit dem gesunden Fuß kräftig darauf. Die Glasscheibe zersprang in tausend Scherben und beinahe hätte sie das Gleichgewicht verloren. Winni fing sie auf und in seinen Armen schluchzte sie die vielen zurückgehaltenen Tränen der Wut und Verzweiflung.

»Sie haben Ihr Ziel erreicht«, sagt der nette Herr aus dem Navigationsgerät.

»Ein ganz klein wenig verrückt sind wir schon, oder?«, will Annabell nun von Gottwin wissen. Der hält sich absichtlich bedeckt, indem er ausweicht: »Wer war heute eigentlich normal?«

In der Bäckerei brannte jetzt am späten Nachmittag bereits Licht. Es war ein trüber Tag und die Dunkelheit hatte schon früh die regennassen Straßen in gespenstischem Zwielicht erscheinen lassen.

»Warte!«, rief Winni ihr nur kurz zu, als er um den Wagen herumging und ihr beim Aussteigen half.

Die Türglocke hatte ein angenehmes Läuten und Winni meinte etwas abwesend: »Palim, Palim«

so dass Anna lachen musste. Die adrette Verkäuferin hatte Corinnas Gesicht und Haar, aber nicht ihre Ausstrahlung. »Cora!« Annabell humpelte stürmisch auf sie zu und umarmte sie ungestüm.

Distanziert schob diese sie mit ausgestreckten Armen von sich weg, hielt sie dabei aber fest.

Ihr Lächeln erreichte nicht ihre Augen, als sie höflich bemerkte: »Wir kennen uns aus meinem früheren Leben?«

»Was weißt du von deinem früheren Leben?« Anna verbarg ihre Enttäuschung so gut es ging.

»Es tut mir leid, dieses verlorene Gedächtnis kann Fluch und Segen sein. Ich weiß nichts von früher.«

»Geht es dir aber gut? Bist du ansonsten gesund?« Cora nickte zufrieden. »Ja, ich habe alles, was ich brauche.«

Unbemerkt war eine große kräftige Frau aus der Backstube aufgetaucht. Sie machte durch ein Hüsteln auf sich aufmerksam.

»Sind Sie Anja, Corinnas Schwester? (das wurde durch ein Nicken bejaht) Ich bin Annabell Ahrend – wir hatten bereits mehrfach telefoniert – und dies ist mein Freund Gottwin Winterkorn. Wir sind gerade auf der Durchreise und dachten…«

»Oh, das ist wunderschön. Wir würden uns freuen, wenn Sie zum Essen bleiben könnten? Ben kommt auch«, sagte sie in Corinnas Richtung.

»Dann geht doch schon einstweilen nach oben, ich verschließe hier in einer halben Stunde alles und komme dann nach. Du kannst ihnen ja schon mal einen Zustandsbericht geben.«

So wurde es gemacht. Anna und Winni lernten in der Wohnung über dem Laden Anjas Mann kennen.

In der Küche werkelte Rosanna, die trotz ihrer Jugend bereits eine begeisterte Köchin und heute für das Abendessen verantwortlich war.

Den Hinweis, dass nun außer Ben noch zwei weitere Gäste hinzugekommen wären, kommentierte sie: »Sechs sind geladen, zehn sind gekommen. Gieß Wasser zur Suppe, heiß alle willkommen.«

Ihre unkomplizierte, fröhliche Art und die dazugehörigen Gesten erinnerten Annabell mit voller Wucht an Rainer. Sie sah ihm soo ähnlich! Rainer war der Vater, es war unverkennbar. Sie schluckte.

Anja, die den Hintergrund kannte, schob Anna sanft aus dem Raum. Torsten hatte schon die gewünschten Getränke verteilt und begann ein Gespräch mit einem Loblied auf Rosanna.

Nicht einmal ihre eigene Tochter erkannte Cora als solche, von den anderen ganz zu schweigen,

Offensichtlich war sie aber glücklich und zufrieden dabei, nahm all das als Geschenk an und betonte immer wieder, wie wohl sie sich fühle. Um sie zu schonen, hatten ihr die anderen auch so wenig wie möglich von Axels Tat erzählt. Sie hatte an ihn ohnehin keinerlei Erinnerung. Vielleicht, meinte die Psychologin, könnte sie irgendwann die ganze Wahrheit verkraften.

Annabell lag besonders am Herzen, dass die Zukunft von Rosanna gesichert würde. Sie erklärte, dass sie aus Rainers Lebensversicherung auf ein Konto seiner Tochter Geld einzahlen würde, das bei ihrer Ausbildung zur Verfügung stünde. Inwieweit sie erfahren sollte, wer ihr leiblicher Vater war, könnte die Zeit entscheiden. Vorläufig wusste sie, dass zumindest Axel es nicht war. Sie behandelte ihre Mutter wie ein rohes Ei und übertrieb oft ihre Fürsorge.

Annabell stellte klar, dass sie kein Problem damit haben würde, wenn Rosanna eines Tages mehr über ihren leiblichen Vater wissen wollte.

Der Prozessbeginn gegen Axel war auf Mitte Juni angesetzt worden. Annabell hatte bereits eine Vorladung zur Zeugenaussage erhalten. »Sie haben ja auch noch mit den Folgen seiner Exzesse zu kämpfen«, resümierte Anja mitleidig.

»Na, da ist auch ne Menge Eigenschuld dabei.« Anna zuckte die Achseln.

Erschrocken schoss sie von ihrem Stuhl hoch, um sich sofort mit schmerzverzerrtem Gesicht wieder fallen zu lassen. Ein attraktiver Mann stand plötzlich im Türrahmen. »Ich werde verrückt, wo kommen Sie denn her?« - »Hallo Ben!«, begrüßte Anja den neuen Gast erfreut.

Er nahm schnell Annas Hand und ihre Krücke und nickte entschuldigend zu den anderen: »Ich muss euch Annabell Ahrend mal ganz kurz entführen. Wir haben beide ein ganz schmutziges Geheimnis.«

Mit wütendem Blick wollte Rosanna, die gerade aus der Küche hereinkam, dazwischen gehen. »Nicht was du denkst, Süße. Alles easy, glaub mir«, beschwichtigte er sie schnell. Max Kolmar umfasste Annas Arm etwas sanfter.

»Ich heiße jetzt Benjamin Furrer. Ich bin Coras neuer Lebensgefährte, wir lieben uns aufrichtig. Ich wollte sie nur kurz wiedersehen und konnte nicht mehr fort. Sie erinnert sich nicht an mich, das ist, denke ich, auch besser so. Für mich ist sie die einzig Richtige.

Ich habe meiner Firma das Geld zurückgegeben – na ja, das meiste. Meine Bedingung war, dass ich keine Anzeige bekomme, daran halten die sich, weil sie auch ihre Fehler eingesehen haben und ich auch vieles von ihnen weiß. Ich bleibe also in Deutschland und habe hier in Halle einen neuen guten Job. Was soll ich einsam im Ausland und ständig auf der Flucht? Ich bitte Sie nur, Annabell, machen Sie mir das nicht kaputt!«

Daran hatte sie wirklich kein Interesse. Er wirkte so jungenhaft, trotz seines kahlen Kopfes und dem Vollbart. Er erschien glücklich und zufrieden.

»Nein Max – äh Ben. Das werde ich nicht. Wenn Sie gut zusammen passen und auch Cora sich wohlfühlt, haben Sie meinen Segen.«

Sie lächelte ihn zuversichtlich an und als in diesem Moment Cora zur Tür hereinkam und ihren Ben freudestrahlend küsste, war sie total beruhigt.

Es wurde ein harmonischer Abend. Die Unterhaltung war aufgrund Coras Fröhlichkeit und Ungezwungenheit locker und humorvoll.

Annabell und Gottwin fuhren mit einem guten Gefühl – zumindest, was ihre alte Freundin betraf – wieder zurück nach Thüringen.

Schon kurz hinter Halle fuhren sie auf der Autobahn auf einen Stau auf. »Haben die denn alle kein zu Hause?«, stöhnte Winni genervt.

»Bleib easy, wir haben doch Zeit. Ach du gute Güte! Schau mal da rüber!«

Annabell zeigte auf die parallel zur Autobahn verlaufende Landstraße. Dort fuhr ein Autofahrer im Schritttempo und hatte aus dem heruntergelassenen Fenster eine Leine hängen. Er führte seinen Hund im Schein seiner Autobeleuchtung und der Straßenlaternen Gassi.

»So etwas habe ich aber auch noch nicht gesehen, der ist doch tatsächlich zu faul, mit dem Hund zu laufen!«, sie schüttelte den Kopf.

»Aber keine schlechte Idee«, meinte Winni anerkennend.

Mit sehr gemischten Erwartungen nahm Annabell das Telefonat entgegen, das von ihrem Vater kam.

»Hallo Ducky? Seid ihr auf dem Rückweg? Das Haus haben wir abgeschlossen, der Schlüssel liegt unter dem Blumenkübel – rechts. Ich habe deine Mutter in die Geriatrie zurückgebracht und Frau Behrendt nach Hause, nach Jena.«

»Jetzt spann mich doch nicht so auf die Folter. Wie ist alles gelaufen?«

»Als du anriefst, um Bescheid zu sagen, dass ihr ausgebüchst seid, war ich erst ärgerlich. Aber im Nachhinein stellte sich heraus, dass dies die beste Idee war. Ducky, du glaubst gar nicht, wie lammfromm deine Mutter dann war. Frau Behrend hat ihr sehr deutlich gemacht, dass nicht sie diejenige wäre, die Hilfe brauche. Sie könne auch ebenso gut in ihrem jetzigen Job weiter arbeiten. Solche Anfeindungen habe sie nicht nötig.

Ich zeigte Hilde ihre Alternativen auf; ein anonymes Altenpflegeheim – und bei ihrer Rente nicht gerade das komfortabelste.

Sie hat sich dann bei uns beiden entschuldigt. Sie komme mit ihrer neuen, behinderten Situation noch nicht zurecht, was ich auch gut verstehen kann.

Ich soll mich auch in ihrem Namen bei dir entschuldigen.

Wir haben für das nächste Wochenende ein neues Treffen vereinbart – wenn es dir recht ist – bei dem wir alle kreativ mit neuen Gedanken beisteuern wollen.

Machs gut, meine Süße. Ich wünsche euch noch ein schönes Wochenende.«

»Ich liebe dich Paps, danke. – und dass du noch an *Ducky* denkst?«

»Wie könnte ich **die** vergessen, mein Ännchen!«

»Wer ist Ducky?«, wollte Winni natürlich wissen.

Mit tiefer Wärme in der Stimme erklärte Annabell: »Melli war als Kind immer viel hübscher als ich. Ich war total unglücklich, weil ich aussah wie ein pickeliger, schlaksiger Junge. Da hat mein Vater uns oft die Geschickte von Hans Christian Andersen *'Das hässliche Entlein'* erzählt.

Er hat immer gesagt, ich würde einmal ein schöner Schwan.«

»Und wie recht er hatte!« Gottwin küsste sie zärtlich.

Erwartung

Das Gepäckband lief viel zu langsam. In der Linkskurve gab es ein schleifendes Geräusch von sich, so dass Gottwin ernsthafte Bedenken hatte, es würde gleich zum Stehen kommen.

Der Ankunftstermin der Maschine war schon um fünfunddreißig Minuten überschritten.

Dass er ständig von einem Fuß auf den anderen trat, brachte ihm seine Koffer auch nicht schneller.

Jetzt sah er seine große braune Reisetasche. Ein ramponiertes Stück, ein treuer Begleiter aus seiner Studentenzeit. Er nahm ihn liebevoll in Empfang und dachte daran, wie er die teure Tasche vor seiner ersten Italienreise erstanden hatte.

»Kauf dir einen gescheiten Koffer, am besten aus Leder, robust und praktisch. Schau nicht aufs Geld.

Da haben wir gleich ein sinnvolles Geburtstagsgeschenk für dich«, hatte seine Mutter gesagt.

Hiltrud und Elfrun kamen nun auch auf den Gedanken, Gleiches zu erwerben. Sie unternahmen ständig Reisen – natürlich immer gemeinsam – und hatten sich bisher nur mit preiswerten Reiseutensilien ausgestattet. Ständig gab es damit peinliche Pannen, wie klemmende Reißverschlüsse und abgerissene Henkel.

Elfrun schaffte es einmal beim Packen, dass ihr die Wäsche, die sie mit viel Kraft hinein gepresst hatte, an der aufgeplatzten Seitennaht wieder herausquoll. «Wer billig kauft, kauft zweimal.«

Diese Weisheit gab ihnen ihre Mutter noch mit auf den Weg.

Na gut, die Eltern mussten also an einem Tag in drei teure Reisetaschen investieren.

Die Geschwister wurden sehr schnell in einem sehr alten und seriösen Lederwarengeschäft fündig.

Winnis Koffer konnte sofort erworben werden. Die beigefarbenen Stücke seiner Schwestern, die sie im Katalog ausgewählt hatten, sollten in ein paar Tagen geliefert werden; noch rechtzeitig zum Geburtstag.

Das Quietschen am Band wurde schlimmer. Seine Befürchtungen auch. Doch sein zweites Gepäckstück hatte es eben um die Kurve geschafft. Das Band stand still. Panik entstand. Jeder wollte jetzt seinen Koffer herunterzerren. Als Gottwin sich durch die Menschentraube durchgearbeitet hatte, sah er seinen Koffer neben dem Band liegen. Jemand hatte ihn heruntergezerrt, um sein Eigentum noch aus dem Trichter des Gepäckbandes zu pulen.

Zwei Herren stritten sich heftig um einen Koffer, der als Einheitsware noch mindestens drei anderen, lieblos auf den Boden geworfenen Teilen ähnelte.

»Hatten Ihre Koffer denn keine Adressanhänger?«, brachte Winni sie auf eine naheliegende Idee.

Und tatsächlich musste ihnen in ihrer Aufregung diese Option wohl völlig entfallen sein, denn nun war kurzerhand geklärt, wem dar Koffer gehörte: nämlich keinem von beiden.

Winni lachte und ging schnellen Schrittes zum Ausgang – in freudiger Erwartung.

Vor dem Arrival-Bereich standen ungeduldig und erwartungsvoll viele Menschen mit Blumen und Namensschildern, um ihre Besucher zu empfangen.

Wo war Annabell? Er konnte sie nicht ausmachen. Sein sehnsuchtsvoller Blick musterte jeden einzelnen Abholer, Er sah die vielen, die sich glücklich umarmten.

Wo war Annabell?

Erst den zweiten Aufruf nahm er bewusst wahr: »Mister Godwin Örwin Winterkorn from Germany, please come to the information. …Mister Godwin Örwin Winterkorn from Germany, please come to the information.«